| 변평섭 칼럼집 |

점쟁이와 통계학자

저자 **변 평 섭**

지역을 지켜온 언론 50년!

혼미한 세상에 던지는 메시지

오늘의 문학사

국립중앙도서관 출판예정도서목록(CIP)

점쟁이와 통계학자 : 변평섭 칼럼집 / 지은이: 변평섭. --
대전 : 오늘의문학사, 2018
p. ; cm

대전광역시와 대전문화재단에서 사업비 일부를 지원받았음
ISBN 978-89-5669-960-8 03810 : ₩15000

칼럼집[--集]

818-KDC6
895.785-DDC23 CIP2018036653

점쟁이와 통계학자

❥ 다섯 번째 칼럼집을 내며...

다섯 번째 칼럼집을 내면서 모두에게 감사한 마음입니다.

태어나면서부터 지금 이 순간까지 모든 분들께 빚만 지고 살았기에 더욱 그렇습니다. 이 책이 나오기까지도 그렇습니다. 글을 실어주었던 경기일보, 편집과 출판을 맡아준 오늘의문학사, 힘들어 주저앉고 싶을 때 힘을 주신 모든 분들, 다시 한 번 감사드립니다.

감사합니다.

2018.10

변평섭

책을 펴내며 • 4

제1장 수첩이 무서운 세상

급변하는 세상과 '선제대응' • 13

수첩이 무서운 세상 • 16

700년 백제(百濟)가 5일 만에 무너진 것은… • 19

점쟁이와 통계학자 • 22

세종시! '외로운 공무원의 섬' 될까? • 25

서부전선(西部戰線) 이상없나? • 28

중국 축구의 '공한증'과 굴기(崛起) • 31

정치자금 '고해성사' • 34

계룡산 분청사기 르네상스를 위하여! • 37

'딱정벌레의 기적' 경제달인 있어야 • 40

美 · 中 고래싸움, 새우는 불안하다 • 43

트럼프의 '평화(平和)비용 계산법' • 46

링컨의 충고(忠告) • 49

제갈공명의 '후보자 감별법' • 52

제2장 부처님 웃는 뜻은

욕설 공화국 • 57

세종시, 국회(國會)가 오고 장사가 돼야 산다 • 60

부처님 웃는 뜻은 • 63

예고된 대한항공 사태와 끼리끼리 병(病) • 66

'교육부 해체론(論)'까지 나오는 우리 교육 • 69

이럴 때 명탐정이 등장했으면 • 72

눈물도 정치라고? • 75

5~60대(代) 당신의 무거운 짐 • 78

공무원 선거에 줄서기, 눈치 보기 • 81

상처뿐인 충청도 정치 잔혹사(殘酷史) • 84

권력의 취기(醉氣)와 성(性) • 88

표류하는 북한 목선(木船)과 결핵환자 • 91

선거철, 반기문 총장 낙마(落馬)의 교훈 • 94

한국에 온 공자(孔子) 75대 종손 • 97

제3장 하노이의 코리아

설날, 가수 현숙을 생각하는 것은… · 103
참새와 망둥어 · 106
평창올림픽의 주인과 객 · 109
중국이 군침 삼키는 '격렬비열도' · 112
'누가 시(市) · 도지사(道知事) 감이오?' 물으면 · 115
"올해는 울지 않게 하소서!" · 118
한국 칼국숫집까지 등장한 하노이 · 121
하노이의 코리아 - 빛과 그림자 · 124
지방자치의 또 다른 위기 · 128
구두닦이 노인, 세상을 개탄하다 · 132
아산이 무너지나, 평택이 깨지나 · 136
멋진 싸움꾼 · 139
풀뿌리 기초단체와 정당공천제 · 142

제4장 의원인지, 회사원인지

이 땅에 펼쳐지는 삼국지 계략정치 • 147
피에트로 검사와 '깨끗한 손' 운동 • 150
중국의 큰손, 작은손 • 153
신고리 원자력 찬반을 세종대왕께 물으면… • 156
'군번 1번'의 갈등 • 159
마오쩌둥의 '참새잡기' 운동 • 162
왜 지금 박찬호 박세리인가 • 165
파문 일으킨 총리의 '세종시' 발언 • 168
노인들을 슬프게 마오 • 171
중국, 의정부에 세운 '안중근 동상'은 • 174
의원인지, 회사원인지 • 177
강남 '큰 손', 세종시를 흔들다 • 180
울지 마라, 외로우니까 사람이다 • 183
세종시와 '자전거 타는 국회의원' • 186

제5장 간신과 충신

대통령 발길 뜸해진 독립기념관 · 191
신설 벤처기업부 장관, 중요하다 · 194
'서편제'와 한풀이 정치 · 197
정치도 농사도 물갈이가 생명이다 · 200
비상 걸린 서해 어족자원 · 203
왕과 바둑, 알파고와 바둑 · 206
비정규직은 리모컨이 아니다 · 209
간신과 충신 · 212
'국회 권력' 어쩌나 · 215
1센트 동전의 경구(警句) · 218
똑똑한 사람들의 멍청한 선택 · 221

제1장

수첩이 무서운 세상

급변하는 세상과 '선제대응'

서울의 상도유치원 붕괴사고는 참으로 끔찍한 일이다. 자칫 수십의 어린 목숨들이 희생될 번했으니 말이다. 그런데 붕괴 하루 전에도 유치원측에서 당국에 위험을 호소했지만 바닥에 크랙이 가지 않았다고 그냥 지나쳤음은 한심스런 자세라 아니할 수 없다. 국민의 생명 이상 더 중요한 것이 없기 때문이다.

이렇듯 세월호 사고를 비롯, 제천 사우나 목욕탕 화재사고, 그리고 최근 서울 상도유치원 붕괴사고에 이르기 까지 계속되는 대형사고 때마다 등장하기 시작한 말이 '선제대응' 이다.

예상되는 위험요소를 미리 손을 써서 제거하거나 대비한다는 것이다. 이 '선제대응'이 없어 귀중한 생명을 억울하게 잃거나 잃을 위험에 빠뜨렸다는 뼈아픈 교훈.

이 교훈은 경제계에도 번져 급변하는 시장에 '선제적 대응'을 하지 않고는 생존할 수 없다는 의식이 높아가고 있다. 최근에 있었던 LG디스플레이가 글로벌 협력사들과 2018 LG디스플레이 테크포럼을 개최, 미래 신기술 발굴에 관한 열띤 논의를 벌였는데 역시 그 중심은 급변하는 시장에 대한 '선제적 대응'이었고, 롯데의 식품부문 계열사 사장단도 최근 생존을 위한 '선제대응' 방안을 깊이 있게 논의했다.

정말 세계 시장의 변화는 하룻밤 자고 나면 상황이 확 바뀔 정도로 빠르고 심각하다. 짝퉁 취급을 받던 중국의 화웨이, 샤오미 등 스마트폰이 어느 사이에 올해 2분기 세계시장 총수익 20%를 차지, 삼성전자 17%를 추월했다는 보도가 바로 그런 충격적 변화를 뜻한다.

이래서 '선제대응'은 죽지 않고 살아남기 위해 기업의 명제가 되고 있다. 이와 같은 절박한 명제에 무감각한 분야가 있다면 정치쪽일 것이다. 특히 보수 정당이 민심을 얻는 선제대응을 못하고 아직도 친박, 비박의 틀에 갇혀 귀중한 시간만 보내고 있음은 어떻게 설명해야 할까?

집권 야당에서는 '20년 집권'에서 이제는 '50년 집권' 해야 한다는 소리를 내고 있는데 그런 이야기도 보수당 쪽에서는 무덤덤하다. 사실 '선제적 대응'은 군사적 의미가 강하다. '선제적 공격'이라는 것이 그것이다.

대표적인 것이 1981년, 이스라엘 공군기의 이라크 핵시설 공습. 이라크의 원자로에 연료가 충전되기 전 폭파해야 했기에 이스라엘로서는 급할 수밖에 없었다. 이라크도 이스라엘의 공격 가능성을 예견했으나 이스라엘 공군기로서는 600마일 이상 날아와 폭격하기란 불가능하다고 생각했다.

그러나 그 불가능하다고 생각한 바그다드 핵시설 공격을 이스라엘은 해냈다. 그해 6월 7일, 이스라엘 공군기 8대가 레이더에 잡히지 않게 고도 300m 저공비행으로 이라크 핵시설을 급습, 원자로를 산산조각내고 무사히 귀환한 것이다. 세계가 깜짝 놀란 것은 당연하다. 만약 이스라엘이 이렇듯 이라크의 핵건설을 파괴하지 않았다면 이스라엘의 안보는 위기에 빠지고 중동의 세력판도도 확 바뀌었을 것이다.

이로부터 이스라엘의 선제공격은 모든 나라의 국가안보에 교과서처럼 평가받고 있다. 이스라엘은 그 후에도 이와 같은 모든 가능한 위협으로부터의 자위를 위해서라면 선제공격을 서슴지 않았다.

이렇듯 군사적 측면에서만 아니라 우리의 행정, 정치, 경제, 심지어 이번 국민들을 긴장시켰던 메르스 사태에 이르기까지 적절한 '선제대응'이 급변하는 오늘 생존의 전략이다. 그럼에도 '선제대응'은 고사하고 그 뒤를 따라 가기도 힘들다면 낙오자로 탈락할 수밖에 없다.

수첩이 무서운 세상

세간의 이목을 끌었던 성폭행 사건이 있었다. 사건의 주범이 된 A씨는 혐의를 완강히 부인했지만 경찰은 그를 구속했고 검찰은 재판에 회부했다. 언론도 A씨의 피의사실을 경쟁적으로 보도해 관심을 부풀렸다.

A씨는 재판에서 성폭행죄에 대해 무죄판결을 받고 풀려났다. 그를 무죄로 이끈 것은 엘리베이터에 달린 CCTV 동영상이었다. 그 사진은 A씨와 성폭행을 당했다고 경찰에 고소한 여성이 함께 엘리베이터를 타고 아래층으로 내려오는 장면. 그런데 성폭행을 당했다는 그 여성이 A씨 앞에서 웃고 있는 것이다. 그것은 A씨의 주장을 뒷받침하는 증거로 결정적 역할을 했다.

그런데 무심코 타고 내리는 작은 공간 엘리베이터에도 CCTV가 설치돼 있었다니…. 그리하여 24시간 감시가 이루어지고 살아있는 증인 역할을 한 것에 새삼 놀라지 않을 수 없다. 이와 같이 직장인의 경우 집을 나서는 순간부터 활동을 하고 퇴근할 때까지, 하루 평균 20~30회 CCTV에 찍힌다고 한다. 좋든, 싫든 우리는 어쩔 수없이 감시의 포로가 되어 있는 셈이다.

CCTV뿐 아니라 자동차의 블랙박스, 휴대폰 같은 것도 경계의 대상이 되고 있다. 그래서 어떤 기업체에서는 임원회의 때 아예 휴대폰을 갖고 들어오지 못하게 한다고 한다. 회의내용이 녹음될 수 있기 때문이다.

그런데 이런 것보다 더 무서운 것은 우리 스스로 메모하는 수첩 아닐까? 메모하는 습관은 예로부터 많이 권장돼 왔다. 특히 일본인들의 메모 습관은 유별나다.

1985년 8월 2일 승객 524명을 태운 일본항공 (JAL) 보잉 747점보 여객기가 도쿄에서 오사카로 비행하다 산속에 추락, 520명이나 사망하는 사고가 발생하여 큰 충격을 주었었다. 사고 규모가 워낙 커서 충격도 컸지만 희생된 탑승객들이 남긴 유서와 메모 같은 것이 많이 발견돼 사람들을 감동시켰다.

"미찌꼬! 아이들을 잘 부탁하오. 사랑하오."

"아들아, 엄마를 부탁한다."

이런 유서가 있는가 하면, '지금 엔진에 불길이 솟았다. 기체는 계속 떨어지고 있다'는 등의 사고 진행 상황을 메모로 남기기도 했다. 이 정

도면 일본인들의 기록열이 어떠한가를 짐작할 만하다

그런데 우리나라에서는 최근 들어 메모가 호랑이처럼 무서운 것이 되고 있다. 기록하는 습관을 가지면 치매도 예방한다고 하지만 경우에 따라 자신과 조직을 파멸로 이끄는 폭탄이 되기도 하고 법정에서는 교도소로 가는 저승사자 역할을 하기도 한다. 그런 의미에서 박근혜 정부 시절의 고 김영한 민정수석의 수첩과 안종범 수석의 수첩은 사초(史草) 역할을 했다고 할 만큼 파괴력이 컸고, 이필성 전 우리금융지주 회장의 남겨진 메모는 이명박(MB) 전 대통령을 궁지로 몰아넣고 있다.

특히 이 전 회장의 메모는 그야말로 현미경 메모다. 지난달 서울 중앙지법형사합의 27부 심리로 열린 MB의 특정경제 가중처벌 등에 관한 공판에서 이 전 회장의 메모가 공개됐는데 22억 5천만 원의 뇌물 전달 과정, 방법이 소상하게 기록된 것.

'통의동 사무실에서 MB 만남. 국회의원까지 얘기했음. 긍정방향으로 조금 기다리라고 함'

심지어 그날 MB와 함께 마신 차의 종류도 적혀있고, 처음 그의 청탁이 이루어지지 않자 '배신감을 느낀다'고도 했다. 이쯤 되면 메모는 선의의 기록이 아니라 양날의 칼이다. 언제 흉기로 돌변할지 모르기 때문이다. 그러니 CCTV, 휴대폰, 메모도 모두 무서운 세상이 되어 버렸다. 그만큼 불신의 시대에 살고 있는 것이다.

700년 백제(百濟)가 5일 만에 무너진 것은…

서기 660년 7월, 그해 여름도 무척 더웠다. 백제의 왕도 사비성(지금의 충남 부여)은 의자왕의 독선과 아집, 권력층의 분열로 내홍을 앓고 있었지만 겉으로는 평화로웠다. 부소산 낙화암 아래 백마강에서는 여기저기 흥겨운 뱃놀이가 벌어지고 있었다.

그때 갑자기 사비성의 평화를 깨뜨리는 급보가 전해졌다. 소정방이 이끄는 당나라 10만 대군이 사비성의 관문 기벌포(지금의 금강 하구 · 충남 서천군 장항읍)에 물밀듯 상륙을 시작했으며, 백제의 동쪽 탄현(지금의 大田 계족산성 일대)에는 김유신이 이끄는 5만 신라군이 쳐들어오고 있다는 급보였다.

그 순간 백제는 극심한 혼란에 빠졌다. 의자왕을 비롯, 모두가 우왕좌왕 갈피를 잡지 못했고 백성들은 도성을 빠져나가느라 정신이 없었다.

전혀 예기치 못한 때에, 전혀 생각도 못한 상황이 벌어졌기 때문이다. 백제는 신라가 감히 침공해 오리라고 생각하지 않았으며 더욱이 당나라가 신라와 손잡고 황해를 건너오리라고 상상도 못했다.

그럴 수밖에 없는 것이 그 당시 신라보다 국력이 월등했던 백제였고 특히 의자왕은 즉위 후 신라의 100여 성(城)을 빼앗았는데, 이는 고구려 광개토대왕이 점령한 64개 성보다 월등히 많은 전과였다. 그러니 백제는 국가안보에 느긋해졌고 안일한 생각을 갖지 않았을까? 거기에다 당나라는 전통적으로 백제와 깊은 외교 · 문화관계를 유지하고 있었기 때문에 백제를 배신하여 신라와 연합군이 되리라고는 꿈에도 생각하지 않았을 것이다.

바로 이와 같은 백제의 방심을 완벽하게 이용한 것이 신라와 당나라였다. 신라는 늘 괴롭힘을 당하는 백제를 멸망시킴으로써 신라의 생존을 도모하고 당나라는 한반도의 분쟁을 이용하여 자신들의 지배 영역을 확보하려는 계산에서 신라와 손을 잡은 것.

그때나 지금이나 이렇듯 국제관계는 자국의 이해관계에 따라 배반도 하고 손도 잡고…. 영원한 동맹도, 적도 없다는 것 아닌가.

특히 자만에 빠진 의자왕은 처음에 가졌던 리더십을 잃고 점점 향락으로 세월을 보내는가 하면 충성스러운 대신을 귀양 보내는 등 극심한 일탈행위를 이어갔다.

이에 대해 최근 '삼국통일 어떻게 이루어졌나'라는 연구서를 발행한 한국전통문화대학교 이도학 교수는 백제와 고구려의 멸망을 오만과 교만, 갈등과 분열 등 사회적 통합의 실패에서 원인을 찾고 있다. 그러면서 이 교수는 근본적인 백제의 멸망 원인은 '정신력'임을 거듭 강조한다.

생각해 보면 660년 7월 10일, 나당 연합군이 사비성(부여)을 함락하고 웅진성(지금의 충남 공주)으로 도망간 의자왕이 항복하기까지 불과 5일밖에 걸리지 않았음이 이 교수가 지적한 백제 최후의 '정신력'이 얼마나 한심했던가를 짐작하게 한다. 특히 당나라에 붙잡혀 간 의자왕이 묻혀있는 중국 낙양 북망산에 가면 1,300여 년의 세월이 흘렀지만 그 시절의 회한이 눈앞에 살아 움직이는 것처럼 느껴온다.

그렇게 백제의 최후는 허망했다. 그리고 그것은 의자왕 스스로가 몰고 온 운명이 아니었을까?

이번 주 금요일(9월 14일)부터 충남 공주와 부여 일원에서 '한류 원조, 백제를 즐기다'라는 주제로 제64회 백제문화제가 풍성하게 열린다. 노래와 춤, 그리고 계백장군을 비롯해 성충, 흥수 등 충신에 대한 제향도 올리며 백마강에 몸을 던진 백제 궁녀들의 원혼을 위로하는 행사도 갖는다.

백마강이 내려다보이는 낙화암에서 눈을 감고 백제 최후의 모습을 상상해 보는 것도 의미 있을 것이다.

점쟁이와 통계학자

과거 쌀 한 톨이 금쪽같던 시점에 있었던 일이다. 매월 15일을 '쥐 잡는 날'로 정하고 각급 학교에서는 학생들로 하여금 자기 집에서 잡은 쥐의 꼬리를 가져오게 했다. 그런데 이 '쥐잡기 운동'은 시간이 갈수록 잘못된 방향으로 변질되어 갔다.

학생과 학생, 학급과 학급, 학교와 학교 간 경쟁이 뜨거워지면서 허위로 숫자를 부풀려 보고하는가 하면 심지어 오징어 다리를 잘라서 쥐꼬리라고 제출하기도 했다. 사실 오징어 다리를 살짝 불에 그을려 쥐꼬리라고 제출하면 식별하기가 어려웠다.

이처럼 통계를 잡는다는 것이 수학이고 과학이면서 오징어 다리가 끼어들고 경쟁심이라는 불순물이 작용하면 그때는 수학도 아니고 과학도 아니다. 오히려 그 수학의 공식이라는 게 불순한 목적을 위한 도구로 전락할 뿐이다. 그래서 우리의 통계나 여론조사가 자주 불신의 대상이 되는 것도 이 때문이다. 심지어 종교계의 통계조차 그런 소리를 듣는다.

눈을 돌리면 곳곳에 교회가 많고 사찰이 많지만 실제로는 불교, 기독교 등 6대 종교의 신자 수는 전국민의 50.7%에 머물러 있다. 그러나 각 교단에서 발표하는 신자 수를 합치면 우리나라 인구보다 많다는 모순이 나타난다고 한다.

얼마 전 TV에서 모 지방의 섬과 육지를 연결하는 다리의 교통량을 보도했는데 여기서도 통계의 불신이 도마에 올랐다. 처음 이 다리를 놓을 때 당국이 실시한 교통량 예비조사에서 1일 수천 대의 차량이 왕래하여 관광 활성화에 기여할 것이라고 했는데, 실제로 막대한 국민 세금을 쏟아부은 다리는 개통 후 너무 한산하기만 했다. 교통량 통계 작성에 수학의 공식이 작용하지 않고 정치가 끼어들었기 때문이다.

이처럼 실효성을 제대로 예측하지 않고 많은 세금을 투입해 건설한 교량, 도로, 심지어 비행장이 한둘이 아니다. 특히 그 지역에 정치적 거물이 있을수록 이런 현상은 두드러지게 마련이다. 이렇듯 통계는 순수한 수학공식이 보여주는 결과물이어야지 사(私)가 개입하면 안 되는 것이다.

황수경 전 통계청장의 경질로 빚어진 가계소득 통계방법의 논란도 이런 관점에서 국민들의 우려와 불신을 낳고 있다 하겠다. 특히 황 전 청장이 이임식에서 울먹이며 "나는 정치적 도구가 되지 않도록 심혈을 기울였다. 그것이 국가 통계에 대한 국민신뢰를 얻는 올바른 길이다."라고 한 것은 매우 의미 있는 발언이다. 무엇보다 '신뢰'를 강조했기 때문이다.

어느 날 공자에게 자공이 물었다. "정치에 가장 중요한 것이 무엇입니까?" 그러자 공자가 대답했다. 백성이 먹고 사는 '食'과 나라를 지키는 '兵', 그리고 백성들로부터의 '信'이다.

지금으로 말하면 경제, 안보, 국민과의 신뢰가 아닐까? 자공이 공자에게 이 셋 가운데 끝까지 지켜야 할 것은 무엇이냐고 다시 묻자 공자는 '信'이라고 하면서 백성들의 믿음이 없으면 나라가 존재할 수 없다고 대답했다.

서양 속담에도 '점쟁이가 배부르고 통계학자가 배고프면 백성은 운다.'는 말이 있다. 점쟁이도 통계학자도 앞으로 있을 일을 예언하는 것에는 공통점이 있지만 듣기 좋은 말만 하는 점쟁이에 귀를 기울이고 바른 말하는 통계학자는 외면하지 말라는 경고다. 그렇게 통계는 국가 신뢰의 기본인 것이다.

세종시!
'외로운 공무원의 섬' 될까?

공정거래위원회가 38년간 독점해온 전속 고발권을 내려놓음으로써 검찰이 공정위 고발 없이도 기업의 담합행위에 손을 댈 수 있게 됐다. 이와 같은 중대한 결정은 지난 21일 법무장관과 공정거래위원장 사이에 있었던 합의문 서명으로 공식화됐다. 그런데 이 서명은 공정위가 있는 세종시가 아니라 서울 정부청사에서 이루어졌다.

'고용 쇼크'로 다급해진 정부와 여당, 그리고 청와대는 지난 19일, 일요일에도 당·정·청 회의를 열었다. 이날 회의에서는 내년도 일자리 예산을 올해 증가율 12.6% 이상으로 확대하는가 하면 4조원 규모의 재정보강 패키지도 추진하는 등 가용한 모든 정책수단을 총 동원키로 했다. 이와 같은 일자리 창출의 심각성이 이번 당·정·청 회의를 계기로 실효를 거두길 기대하는 것은 모든 국민들의 한결같은 마음일 것이다.

그러나 여기서 논하고 싶은 것은 이것을 계기로 세종시의 위상문제를 생각해 보자는 것이다. 사실 대한민국의 경제정책을 다루는 기획재정부, 농수산축산부, 국토교통부, 노동부, 공정거래위원회 등 정부기구 70%가 세종시에 와 있다.

그런데 경제관련 정부회의는 70% 이상이 서울에서 개최되는 것으로 알려졌다. 이번 당 · 정 · 청 회의에서도 경제사령탑이 있는 세종시의 정부기관과 공무원들은 자료를 만들어 서울 출장을 가야 하는 등 바쁘게 움직여야 했다. 이런 일이 거의 다반사가 되어 있다는 것이 세종시 현안의 문제점으로 지적된 것은 오래됐다.

세종시는 올가을 행정안전부까지 내려오면 명실공히 '행정중심도시'가 되지만 세종시를 만든 것이 이런 식의 '서울 회의'를 위한 자료작업이 중심이 되고, 서울 출장에 시간과 경비를 소모하는 것이 아니었다.

이렇게 되면 세종시는 당초 계획했던 '국토균형발전'과는 거리가 먼 국토건설부 산하의 도시 하나를 만드는 것밖에 되지 않는다. 그리고 공무원만 2만명이 넘는'공무원의 외로운 섬'으로 전락할 우려도 있다. 따라서 세종시의 기능을 살리는 것이 중요하다.

경제부처가 집중되어 있는 만큼 세종시에서 정부간 정책협업이 활발하게 이루어지고 치열한 토론도 있어야 한다. 이 같은 기능이 활성화되기 위해서는 정부관계자와 정치권에서 서울 중심의 프레임에서 과감히 벗어나야 한다. 이런 의식 변화 없이는 세종시가 아무리 부처가 늘어나고 인구가 30만을 돌파했다 해도 실질적인 국토균형을 요원한 것이 될 것이다.

특히 이 시점에서 우선 국회 분원만이라도 하루 속히 실현되는 것이 중요하다. 그래야 세종시 정부청사는 서울 회의 자료준비와 서울 출장에 정부동력을 소비하는 것을 벗어나 생산적 기능으로 전환할 수 있을 것이다.

노무현 정부에서 탄생한 세종시이기에 현 정부에서 세종시의 가치와 기능을 살려야 하는 책임도 있다. 세종시에 들어서면 '개헌으로 행정수도 완성'이란 구호탑을 여기저기 보게 된다. 이 지역민들의 간절하고 소망을 표현한 것이다.

그러나 지금 우리 정치 현실이 '개헌을 당장 추진할 상황이 아니며 더욱이 세종시를 위한 개헌은 시간이 필요하다'고 할 것이다. 그래서 지금 할 수 있는 국회 분원 설치와 세종시 출범 때 가졌던 그 순수한 목적과 기능을 서두르자는 것이다.

이 본래의 목적을 놓치게 되면 세종시는 '공무원의 외로운 섬'으로 전락할 수 있고 걸핏하면 거론되는 '투기단속' 대상의 아파트 도시가 될 우려가 있다.

서부전선(西部戰線) 이상 없나?

기원전 로마는 3세기에서 2세기, 로마는 지중해 지배권을 놓고 라이벌 카르타고와 치열한 전쟁을 벌였다. 특히 카르타고는 유명한 코끼리 부대로 알프스를 넘어 로마를 공격한 한니발 장군이 있었다.

이때 로마의 레굴루스라고 하는 장군이 전쟁 중에 카르타고군의 포로로 잡혔다. 카르타고는 레굴루스장군을 석방하면서 로마에 가서 원로원으로 하여금 카르타고와 평화조약을 맺고 전쟁을 끝내도록 설득하라고 했다. 그러나 로마에 돌아온 레굴루스장군은 원로원에서 '우리는 카르타고군과 평화조약을 맺으면 안 된다. 그것은 그들의 계략에 빠지는 것이다.'라고 연설한 후 다시 자신을 포로로 잡았던 카르타고군영에 들어가 장렬하게 죽고 말았다.

어쩌면 로마 원로원은 평화를 원했고 그것을 레굴루스가 명분 있게 설득하는 연설을 해주길 기대했을지 모른다. 그러나 그는 그렇게 하지 않고 떳떳이 소신을 밝힌 뒤 다시 적군의 포로가 돼 죽음을 택한 것이다. 참 멋진 군인이다. 진정 로마가 위대했던 건 이와 같은 군인의 충성심, 애국심이 뭉쳐 있었기 때문이 아니었을까?

요즘 전에 없이 우리 군에 대한 뉴스가 쏟아질 때마다 로마의 레굴루스 장군 이야기를 떠올리게 된다. 그런데다 국방의무를 거부했던 사람까지 나서 군을 이러쿵저러쿵하는 걸 보면 '이걸 어찌하나'하는 불안감을 떨쳐버릴 수 없다. 또한 북한의 핵은 아직도 안개속인데 우리의 방위태세는 마음씨 좋은 이웃집의 울타리같이 되는 건 아닌지 찜찜하다.

2012년부터 1천 600억 원이나 들여 개발한 우리의 중거리 지대공 요격미사일 '철매 II' 양산 물량을 대폭 축소하는 걸 검토한다는 보도는 더욱 그런 불안을 가중시킨다. 이 미사일은 북한의 스커드노동미사일에 대응할 우리의 매우 중요한 방어수단이기 때문에 더욱 그렇다.

불과 며칠 전에는 믿었던 해병대의 마리온 헬기가 어처구니없게 이륙 직후 추락, 장병 5명의 목숨을 앗아감으로써 국민들 마음을 아프게 하지 않았는가. 그런데다 군복무 기간의 단축, 병력 감축…. 이렇게 '감축'에 안심해도 좋은 것일까.

물론 지금 남북 분위기가 4 · 27 정상회담을 계기로 호전되고 있는 것은 사실이고 환영할 일이다. 그러나 분위기가 국가 안보를 보장하는 것도 아니고 분위기란 또 어느 상황에 변할지도 모른다. 공산주의의 본질이 또한 그래 왔었다. 필요에 따라 옷을 바꿔 입기도 하고, 눈물과 미소를 마음대로 연출해 내는 게 그들의 전술이요 전략이다.

그래서 믿을 것은 완전한 국방력이다. 북한은 지금도 그렇지만 상황이 유리해지면 주한미군 철수를 더욱 강력하게 주장할 것이다. 그 때에 트럼프 같은 거래의 명수가 잘못 악수를 두게 되면 우리 운명은 어떻게 될 것인가.

세계 1차 대전으로 독일의 프랑스-벨기에를 잇는 서부전선이 교착 상태에 빠졌었다. 참호 속에서 지루한 공방전이 계속되고 팔 다리가 잘려 나가는 등 그 참상은 말할 수 없었다. 이때의 상황을 글로 쓴 것이 E. 레마르크의 '서부전선 이상 없다'(In Western nichts Neues).

1928년 이 책이 나오자 25개 국어로 번역되고 영화화되는 등 선풍적인 인기를 끌었다. 이 책의 가장 감명 깊었던 장면은 주인공이 현장의 참상을 수기에 남기고 죽는 순간에도 사령부의 그날 보고는 '서부전선 이상 없다'는 것. 정말 우리 '서부전선' 이상 없는가? 결코 이상이 없어야 하기에 묻는 말이다.

중국 축구의 '공한증'과 굴기(崛起)

지난 러시아 월드컵 조별 예선에서 한국이 독일을 2대 0으로 이겼을 때 세계가 온통 놀라움이었는데 중국에서는 엉뚱한 일이 일어났다.

한국-독일전에 중국 도박꾼들은 당연히 독일이 이기는 것으로 돈을 걸었다. 한국은 스웨덴에 1대0으로, 멕시코에 2대1로 패하고서 치르는 세계 최강 독일전이니 도박꾼들은 그럴 만했을 것이다. 그러나 독일 승리에 돈을 많이 걸었던 중국 도박꾼들 중에는 너무 큰 충격에 자살을 하는 소동이 벌어진 것, 이것이 중국인들의 한국에 대한 의식이다.

이와 같은 의식은 아주 멀리 한(漢)나라 때부터 연유하고 있는데 중국 동북부에 있는 조선을 '동이'(東夷), 즉 '동쪽의 오랑캐'라 지칭한 것이 그런 것이다. 그들 '한'(漢)족의 우월성을 과시하려는 것이 본능적으로 자리잡고 있는 것. 그런데 그들이 우리를 무시하려는 것은 우리가 그들보다 못해서라기보다 오히려 그 반대일 수도 있다.

서울 8학군의 A학교에 시골에서 B학생이 전학을 왔다. 키도 작고 학원도 다니지 않았는데 공부는 물론 창의력도 그들보다 뛰어났다. 그러자 기존 학생들은 그를 깔보고 무시했지만 속으로는 무척 두려워했다. 거대한 중국이 동쪽 조그만 나라 한국을 보는 시각도 이와 같다.

축구만 해도 1978년부터 2010년까지 중국은 동쪽의 작은 나라 한국과 27번 경기를 했는데 한 번도 이겨보질 못했다. 16번 패배했고 11번 무승부, 그러다 2010년 2월 10일 일본 도쿄에서 있은 동아시아 축구선수권대회에서 처음으로 한국을 이겼다. 딱 한 번. 그 원인 중 우리 대표팀 감독의 잘못된 선수기용이 한몫했다.

13억 중국의 체면이 말이 아니었고 그래서 생겨난 말이 '공한증'(恐韓症), 즉 한국을 무서워한다는 뜻이다. 지금 중국은 축구부흥 프로젝트를 시진핑 국가주석이 앞장서 추진하고 있다. 한 번도 월드컵 예선을 통과한 일이 없는 그들의 꿈은 ①월드컵에 나가고 ②월드컵에서 이기고 ③월드컵을 개최하는 것이며 이것을 그들의 소위 '대륙굴기'(大陸崛起)라는 국가비전에 맞추고 있다.

그리고 그 밑바닥에는 '공한증'을 극복하여 한국을 이기겠다는 것이 깔려있다. 사실 지금 중국의 축구실력은 개인기에서부터 기습작전에 이르기까지 매우 큰 발전을 보이고 있다.

중국은 한국의 축구만 무서워한 것이 아니다. 우리의 볼펜이 중국

문방구를 휩쓸고 우리의 TV, 전자제품, 자동차, 반도체가 그들 시장에 우뚝 서는 것이 축구만큼 미웠던 것이다. '어떻게 그 동쪽 끝 조그만 나라에서….' 하는 마음이 그들의 본색이다.

한국에 관광객을 보냈다 말다하고, 삼성을 비롯 한국의 대기업 광고판을 거리에서 까닭없이 철거케 하고 세계 1위 한국의 반도체 시장을 따라잡겠다고 총력을 기울여 투자하는 것도 그런 것이다. 미국과의 경제전쟁이라고 하지만 우선 한국을 앞서야 한다는 '공한증' 극복이 그들 '굴기'(崛起)의 첫 목표다.

필요에 따라 북한이라는 카드도 한반도를 자기 입맛에 맞게 자유자재로 활용하며 김정은을 어르고 달래는 모습이 참으로 교활해 보인다. 북한도 중국만 바라보고 동해안 관광개발 등, 경제프로젝트를 추진하다간 또 어느 때 뒤통수를 맞을 수도 있을 것이다. 이것이 중국이다. 그러나 우리는 인해전술로 밀려오는 중국의 '굴기'를 그냥 구경만 해서는 안 된다. 그들의 오만한 벽을 비집고 들어가 우리의 영역을 굳건히 만들어야 한다.

최근 중국에서 사업을 하다 '사드' 문제로 고전을 하고 있는 모 회장을 만났더니 이런 말을 했다. "한국 시장의 20배가 넘는 중국 시장을 포기할 수는 없습니다. 힘들어도 참고 견디어 나가야 합니다. 그들의 도움이 아니라 우리 스스로 길을 개척하고 터득해야 합니다."

정치자금 '고해성사'

프란치스코 교황이 2014년 4월 어느 날, 이름 모를 신부 앞에 무릎을 꿇고 고해성사를 하는 모습이 사진에 찍혀 화제가 됐었다. '교황처럼 높은 분도 죄를 짓는가' '교황도 무릎 꿇고 고해성사를 해야 하는가'

이런 이야기들이 오고 갔는데, 누구나 인간이기에 지을 수 있는 죄를 고백하는 것은 영혼을 깨끗이 하고 사회를 정화시키는 촉매작용을 한다는 것에 많은 사람들이 공감했다. 그리고 교황이 평사제 앞에 고해성사를 하는 겸손한 모습은 누구에게나 신선하게 느껴졌다.

하지만 그 겸손함은 무척 큰 용기를 필요로 한다. 더욱이 정치인의 가장 아픈 아킬레스건이라고 하는 정치자금에 대한 고해성사는 엄청난 결단과 용기가 필요하다. 그런 의미에서 2002년 3월 고인이 된 김근태 전 의원의 정치자금 고해성사는 우리 정치사에 큰 발자취를 남긴 것이라 하겠다.

민주당 대통령후보 경선이 한창일 때 김근태 당시 최고의원은 "나는 권노갑 고문으로부터 2천만원을 받았다."는 양심고백을 했다. 가히 메가톤급 폭탄발언이었고 우리 정치판에 큰 충격을 주었다. 그러나 당시 민주당 실세였던 권노갑 고문의 실명이 거론되자 한나라당에서는 그 돈의 출처를 밝히라고 공격을 퍼부었고 민주당 역시 반응은 곤혹스러움 그 자체였다.

고문으로 몸이 망가지도록 민주화운동에 평생을 바친 김근태 대통령 경선후보는 영웅이 되질 못하고 오히려 '혼자서 깨끗하면 되나…?' 하는 비웃음을 받기도 했으며 인기가 하락하기 시작했고, 마침내 후보 사퇴를 하고 말았다. 그리고 그의 '양심고백'은 오히려 수사를 받았고 유죄판결로 이어졌다. 그리고 2011년 12월 고문으로 인한 후유증으로 파킨슨병을 앓고 뇌정맥혈전증까지 겹쳐 세상을 떠났다.

어쩌면 '깨끗한 정치'를 위한 그의 용기있는 정치실험은 실패로 끝났는지 모른다. 그러나 정치자금 고해성사를 외친 그의 순수한 열정은 지금도 계속되고 있다. 정의당의 얼굴이었던 노회찬 의원의 죽음도 그 연장선상에서 보면 또 한 번 난치병을 앓는 한국에 몸을 던진 것이라 하겠다.

그는 유서를 통해 드루킹으로부터 4천만원을 받았다고 고백했다. 유죄판결을 받고도 끝까지 얼버무리고 '결백'을 주장하는 정치인이 얼마나 많은가? 그런데도 노회찬의원은 어떤 경우에도 해서는 안 될 '자살'이라는 극단적 선택을 통해 '고해성사'를 했고, 우리 정치발전을 가로막는 정치자금의 음산한 그림자를 무언으로 고발했다고 할 것이다.

그리고 이제 정말 우리 정치가 정치자금으로부터 어떻게 자유롭고 깨끗할 수 있는가를 구체적으로 행동화해야 할 것임을 요구하고 있다.

왜냐하면 큰 충격적 사건이 벌어지면 모두들 자신이 당한 일처럼 벌떼 같이 일어나지만 시간이 지나면 망각해버리는 것이 우리들 모습이기 때문이다. 김근태 의원의 '정치자금 고해성사' 때도 금방 이 문제를 해결해야 하는 것처럼 뜨거운 분위기였으나 며칠이 못가 수면 아래로 잠수해 버렸다. 그러나 이번만은 정치자금 문제에 대한 항구적인 해결방법을 모색해야 한다.

우리 공천방식에 문제는 없는지, 다시 말해 우리의 공천방식이 돈을 빨아들이는 빨대역할을 하는 것은 아닌지, 우리의 기업회계에서부터 음성적 자금 빼돌리기를 차단할 투명한 방법은 없는지, 이 모든 것을 당파를 초월하여 머리를 맞대고 고민해야 한다.

계룡산 분청사기
르네상스를 위하여!

1927년, 일제강점기에 한반도 최초로 도요지 발굴조사가 공주시 반포면 학봉리 일대에서 이루어 졌다. 발굴유물은 그 자리에서 경매되었으며 얼마정도의 도자유물이 수탈되었는지 모른다. 또 생산시기를 알 수 있는 도편층도 망쳐 놓았다. 이 때 경매로 구입된 나가사키 마쯔우라가의 철화분청사기 자완은 현재 일본의 중요문화재가 되었다. 도굴성격의 발굴조사, 이들은 어떤 이유로 계룡산 도자유적을 파헤쳤을까? 그것은 도자기에서 가장 한국적 정서를 대표하는 것으로 철화분청사기를 꼽는다. 분청사기 7가지 제작기법 중에서 충남 공주시 반포면 학봉리. 계룡산 철화분청사기를 가장 높게 평가하여 '계룡산'이란 별칭으로 불리고 있다.

우리의 계룡산 철화분청사기를 평생 반려자로 사랑한 일본인이 있었다. 구로다 로산진(北大路 魯山人 · 1883~1959). 그는 도예가이면서 요리연구가로 일본의 요리를 예술로 승화시킨 장본인이다. 그가 특별히 초대한 사람에게는 계룡산 철화분청사기에다 음식을 담아 대접할 정도였다. 로산진은 직접 계룡산에 가마를 만들고 흙으로 빚은 분청 찻사발을 만드는 등 열정을 쏟기도 했다. 지금도 그가 빚은 분청 찻 사발이 보존돼 있다. 뿐만 아니라 당시 세계적으로 명성을 떨친 피카소가 일본에 왔을 때도 계룡산 분청사기를 보여주었다.

로산진 뿐 아니라 일본 많은 도예가들이 철화분청사기에 열광했고 특히 계룡산을 분청사기의 메카로 생각했다. 임진왜란 때 일본에 건너가 일본 도자기의 신(神)으로 추앙받는 이삼평 역시 그의 고향 충청도 금강 일원인 계룡산에서 활동했고, 이 일대에 30여개 요지가 확인됐다. 우리 정부가 공주시 반포면 학봉리를 사적 333호로 지정한 것도 그런 역사적 배경이 있다. 정말 마음을 잡아끄는 막걸리색 분장토에 짙은 먹쑥색의 산화철로 그려진 물고기, 새, 초화문(草花紋), 민화… 이렇게 구어진 계룡산 철화분청사기는 조선시대 독특한 양식으로 크게 사랑을 받았다. 그야말로 도자기 예술의 극치를 이루었던 것이다.

그러나 안타깝게도 점차 계룡산 분청사기의 영광이 단절되었으며 오히려 일본에서 중요문화재로 그 가치를 높이 평가받고 있다. 물론 국내에서도 도예가와 재료과학자들 사이에서 노력과 연구가 없었던 것은 아니다. 분청사기의 역사적 고찰에서부터 복원과정, 그리고 재료 연구 등을 꾸준히 하고 있고 도예작가 이재황 교수를 비롯, 계룡산 인근의 지역 도예가와 연구가들이 창작활동과 함께 현대적 복원작업을 활발하게 전개해 왔다. 특히 최근에는 '골프존 문화재단'에서 많은 비용을 들여 '계룡산철화분청사기'전집을 발행했고, 영문판으로 까지 발간, 주요 국가의 박물관, 미술관을 비롯한 문화기관에 발송한 바 있다.

이런 가운데 철화분청사기에 전념해온 학자, 도예가, 그리고 분청사기를 우리가 자랑하는 문화유산으로 발전시켜야 한다는 데 뜻을 잡고 있는 인사들이 모여 철화분청사기 보존과 발전을 위한 비영리 재단'을 추진하기로 했다는 반가운 소식이다. 무엇보다 창의적 산업시대인 21세기에 철화분청사기를 체계적으로 육성 발전시킬 시스템이 마련된다는 것이니 재단 필요성에 공감을 불러 일으킨다. 재단이 되면 비영리재단인 만큼 도예가들과 연구자들을 위한 체계적 지원이 가능하며 도자기 문화가 활성화되어 관광과 산업화에까지 시너지 효과를 나타낼 수 있을 것이다. 또한 재단이 설립되면 계룡산 분청사기의 콘텐츠와 자산을 해외에 적극 홍보함으로서 계룡산 분청사기가 갖는 역사적 중요성과 이것이 갖는 세계 도자기사의 한 축으로써 당당한 위치를 높일 수 있을 것이다. 그런 의미에서 철화분청사기의 비영리 재단의 출발은 지역문화발전을 위해서 뿐 아니라 국가적으로도 매우 고무적인 것이라 할 수 있다.

'딱정벌레의 기적' 경제달인 있어야

필자가 어릴 적 동네에 큰 부자가 있었다. 그런데 어느 날, 그 집 담장으로 구렁이가 오르더니 밖으로 슬그머니 나가 버렸다. 이 모습에 당황하는 사람은 주인 할머니였다. 그동안 집안을 잘 살게 해 준 '업'(業) 이 나갔으니 큰 일 났다는 것이다.

이런 일이 있고 나서 우연의 일치인지, 정말 그 부잣집은 점차 가세가 기울어졌다. 그리고 끝내 그 할머니도 돌아가셨다. 이렇듯 우리 민속(民俗)에는 집의 재물을 지켜 주는 수호신의 상징으로 뱀, 두꺼비, 돼지 같은 것을 위하는 풍습이 있었다.

그것을 '업'이라고 말하지만 불교에서 말하는 '업'(業)과는 다르다. 때로는 동물들과는 달리 며느리나 머슴을 일컫기도 했다.그 며느리가 들어와 살림을 일으키고, 가운(家運)이 융성해 지면 '업'이 들어왔다고 했고, 머슴이 들어와 농삿일을 잘하면 그 집에 압 들어 왔네! 하고 덕담을 했다.

'딱정벌레(Beetle)'라는 별명을 가진 '폭스바겐(Volkswagen)'은 패전 후 독일 경제를 일으키는 '업'처럼 되었다. 1946년에는 월 1천대의 생산에 불과했던 '딱정벌레(Beetle)'폭스바겐은 1955년에는 미국에서만 1년에 100만대를 수출하는 것을 비롯 전 세계를 휩쓸었다. '라인강의 기적'이라고 일컫는 독일 경제 부흥의 눈부신 견인차가 된 것이다.

그리고 이 기적의 중심에는 루트비히 에르하르트(1897~1977)가 있었다. 그는 학문적으로, 그리고 실물 경제에 능통한 경제학자이자 경제장관과 총리를 역임하면서 '모두를 위한 번영(Wohlstand fuer Alle)를 외치며 독일 경제를 이끌었다.

그런데 재미있는 것은 그가 당시 집권당이던 기독교민주당 당원이 아니었다는 사실, 심지어 그가 경제장관일 때 수상이던 아데나워가 기민당 입당을 권유했으나 끝내 이를 거부했다는 것이다. 그러니까 그는 정치 색깔의 옷을 입지 않고 오로지 독일 경제부흥이라는 목표에 올인했다는 이야기다.

정권의 1인자 자리에 까지 올라갔으나 그는 오직 경제가 전부였고, 그의 신앙이었다. 말하자면 에르하르트는 독일의 '업'인 셈이다.

지금 일본도 '아베노믹스'라는 '업'을 톡톡히 맛보고 있는 것 같다. 2008년 금융위기 극복을 위해 시작한 '아베'총리의 이름을 딴 '아베노믹스'가 발동을 걸었는데, 초저금리, 대폭적 규제완화가 그 중심이었다.

한 동안 비판도 받았던 '아베노믹스'는 그러나 지금 20년 장기 침체를 극복하고, 기계공업, 철강, 화학산업이 활기를 띄기 시작했으며, 주식시장은 연일 최고가를 기록하는 등 일본경제를 살려냈다는 평을 받고 있다. 특히 부러운 것은 완전고용이다. 오히려 사람을 채용하지 못해 학교에 다니는 학생들에게까지 손을 뻗치는 것이다.

실업자로 아우성치는 우리로서는 꿈 같은 이야기다. 우리도 박근혜 정부시절 최경환 경제부총리의 이름을 딴 '최경환 노믹스(또는 초이노믹스)'라는 것이 있었다. 그러나 이것은 '빚내서 집사라'는 말이 말해주듯 가계부채만 불렸고 부동산 가격만 상승시켰으며 우리 경제의 고질적 문제는 접근도 못했다는 비난을 받았고, 그나마 '최경환노믹스'의 주인공은 지금 교도소에 가 있다. 참으로 안타깝다.

왜 우리는 여 · 야 모두 정치 투사들은 넘쳐나는데 그 정치판에 경제 지도자는 보이지 않는가? 왜 정치지도자에게만 마이크가 쥐어지고 경제 지도자는 뒤에 서 있는가? 그렇게 해서 이 어려운 경제난국을 헤쳐 나가겠는가? 경제의 '업'이 없으면 앞으로 정치마저 설 자리를 잃고 말 것이다.

美·中 고래싸움, 새우는 불안하다

일본 최고의 명의로 존경받던 동경 의과대학의 어느 교수가 정년퇴임식에서 이렇게 고백했다.

"내가 진료한 환자 중 20%는 오진을 했다."

그러자 많은 사람이 충격을 받았다.

"그렇게 유명한 명의가 20%나 오진을 했다고? 그러면 일반 의사들의 오진율은 얼마나 많겠나?"

한 분야에 이처럼 일생을 바치고 그래서 명성을 얻은 사람들도 그 분야를 분석하고 처방하는데 실수가 있음을 보여주는 좋은 예다.

캐나다의 마이런 숄스 교수와 미국의 로버트머튼 교수는 1997년 노벨 경제학상을 공동 수상한 경제학의 대가들이다. 명문 스탠퍼드대와 MIT공대에서 이름을 날리던 두 교수는 주식 옵션과 기타 다른 파생물의 가치를 평가하는 주요 수단으로서 '블랙-숄스 공식'을 개발한 공로로 노벨상을 받기에 이른 것.

그러니까 한 마디로 주식시장에 대한 최고의 권위자다. 이들은 노벨상을 받은 다음해 LTCM이라는 헤지펀드를 만들었는데 그만 실패를 하는 불상사를 일으켜 세상에 충격을 주었다.

"아니 주식문제로 노벨상까지 받은 사람이…?"하며 사람들이 혀를 찼다. 왜 이런 일이 발생했을까?

그들의 학문적 연구와는 전혀 다른 엉뚱한 변수가 강타한 것인데, 첫째는 덴마크 주택저당채권을 사들였는데 덴마크 이자율이 상승하면서 가지고 있던 채권의 가격은 급락하기 시작한 것.

두 번째는 1998년 러시아가 경제사정이 악화되자 모라토리움을 선언한 것이다. 채권 등 모든 채무이행이 일정기간 유예되는 러시아 모라토리움으로 해서 LTCM은 예기치 않은 빙산에 부딪힌 것이다.

이와 같은 예상치 못한 경제 외적 변수로 하여 노벨 경제학상까지 받은 두 거물이 만든 LTCM은 1천 200억달러의 손실을 입고 말았다.

결국 이와 같은 사태는 학술적 이론과 주장이 현실과 괴리되고, 언제나 '변수'라는 예기치 못한 괴물과 맞서야 하기 때문에 발생하는 것이다.

정말 이 땅에 얼마나 많은 경제학자가 있고 '전문가'라는 사람 또한 얼마나 많은가? 그런데도 왜 우리는 IMF를 막지 못했고 오일쇼크에 휘청거렸을까? 역시 논리적으로 접근할 수 없는 외계로부터의 변수라는 것이 행성처럼 나타나기 때문이다.

우리는 지금 또 외계로부터 날아오는 행성과 맞서야 할 처지다. 세계 1, 2위의 경제대국인 미국과 중국의 이른바 'G2의 경제패권 전쟁'이다. 더 말할 것 없이 수십조 원이라는 천문학적 수출품에 서로 고율의 관세를 부과하는 사상 최대의 무역전쟁인데 우리는 무사할까? 경제전문가들은 우리나라에 미치는 영향은 제한적이라며 큰 걱정은 하지 않는 분위기다. 정말 그랬으면 좋겠다.

그러나 분명한 것은 세계 경제의 운전대를 잡고 있는 두 나라 싸움은 우리처럼 수출로 먹고사는 나라에게는 '고래싸움에 새우 등 터지는' 불안한 입장이다. 그래서 번지르르한 논리가 아니라 실제적으로 총력을 기울여야 한다는 이야기다.

최고의 명의도 오진을 하고, 노벨 경제학상을 받은 경제박사도 투자에 실패를 하는 게 현실인데 이 거대한 미 · 중 경제전쟁을 어떻게 진단할 것인가, 어떻게 대처해야 할 것인가, 이것이야말로 나라의 운명을 가름할 것이다.

경제는 실패하면 회복하는데 엄청난 고통과 시간을 국민이 감내해야 하기에 더욱 그렇다.

트럼프의 '평화(平和)비용 계산법'

'Pax Romana' 흔히 '로마의 평화'로 번역된다. 로마 초대 황제 아우구스투스 시대로부터의 약 200년 로마가 누렸던 번영과 평화를 말하기도 하고, 로마에 의해 지탱되는 평화를 의미하기도 한다. 그러니까 로마제국의 지배 아래서만 식민지와 주변 국가의 평화가 유지되는 것이며 로마가 없는 평화는 '가짜평화'라는 것이다.

현대에 들어와서는 'Pax Romana'에 빗대어 'Pax America'라는 용어가 등장했다. 세계평화는 미국이 운전대를 잡고 있다는 이야기다. 북한 핵 문제를 풀어 가는데도 그렇다. 그러나 미국의 운전대가 '미국의 평화'를 위해서인지, '세계평화'를 위한 것인지 헷갈릴 때가 있다. 가령 미국 트럼프 대통령이 이스라엘의 텔아비브에 있던 미대사관을 예루살렘으로 옮긴 것이 대표적인 예다.

예루살렘은 기독교, 유대교, 이슬람교 모두의 성지이지만 국제법상 어느 나라에도 속하지 않으며 따라서 모든 나라의 대사관은 이스라엘의 수도 텔아비브에 주재하고 있다. 그런데 트럼프 대통령은 영국, 프랑스 등 우방국들의 반대에도 끄떡 않고 대사관을 옮겼다.

그러자 중동에 긴장이 조성되고 평화가 위협받기 시작했다. 미대사관 이전에 반대하는 팔레스타인과의 충돌로 벌써 60명이 죽었고 부상자가 속출하고 있는 것이다. 뿐만 아니라 이란의 한 강경파 단체는 예루살렘의 미대사관 폭파에 10만달러(한화 1억 7천만원)의 현상금까지 걸었다. 평화를 위협하는 또 하나의 불씨가 생긴 것이다. 그래도 트럼프 대통령은 이것이 평화라고 생각하는 이른바 'Pax America'다.

이번 싱가포르에서의 북미 정상회담에서 보여준 트럼프 대통령의 스타일도 그렇다. 그동안 미국이 요란스럽게 외쳐대던 북한 핵의 완전폐기를 검증하는 이른바 CVID는 꼬리를 감추고, 그 대신 한미연합 군사훈련 중단이라는 큼직한 선물을 북한에 안겨 주었다.

물론 상응한 조치로 북한은 미사일 엔진시험장을 없애겠다고 했지만 완성된 미사일이 문제이지 생산을 멈춘 엔진시험장의 효용성은 얼마나 있는 것일까? 그리고 50기 안팎으로 추정되는 핵폭탄은 어떻게 할 것인가?

모든 것이 잘 풀리고 북한과 미국 관계가 좋게만 이어진다면 그야말로 '평화'는 보장되겠지만, 그 과정이 길어질 수밖에 없고, 그 안에 돌발 변수라도 발생한다면 머리 위에 미사일과 핵폭탄을 이고 살 수밖에 없는 대한민국 국민으로서는 위기를 느끼게 마련이다. 그래도 미국이 이렇게 하는 것을 '평화'라고 생각하고, 또한 미국의 중간선거에도 유리하다는 정치적 판단까지 작용한다면 운전석에 앉아 있는 미국을 우리는 어떻게 봐야 할까?

특히 주한 미군의 철수문제가 이 시점에 등장하는 것에 솔직히 우리는 불안하다. 미국도 지금은 아니라고 말하고 우리 청와대도 주한미군 문제는 북한 핵과 관계없는 것이며 한미 동맹에 속한 것이라고 선을 그었지만 이런 말이 나오는 자체가 불길하다. 국제정치는 '아니라'고 하면서 진행되고 시작도 하지 않았으면서도 다 된 것처럼 장담하며 허풍 떠는 것을 역사는 보여주기 때문이다.

더욱이 트럼프 미대통령은 북한 핵 폐기 후의 경제지원을 우리나라와 일본에 떠맡기는 발언도 했다. 북한의 위협에 가장 근접한 나라이기 때문이라는 것이다. 언제는 북한 핵이 미국 안전을 위협한다며 전쟁도 불사할 것처럼 확대하더니 계산서를 넘길 때는 셈법이 달라지는 것이다. 이 역시 'Pax America'의 논리일까?)

링컨의 충고(忠告)

햄버거와 함께 미국의 상징처럼 되어 있는 커피 체인점 스타벅스 하워드 슐츠회장의 2020년 미국 대통령 출마설이 보도되고 있다. 그래서인지 스타벅스의 슐츠회장은 정치적인 발언을 서슴지 않고 있다. 가장 대표적인 것이 '미국 분열'이다.

실제로 그는 지난 4월 필라델피아 스타벅스에서 흑인 2명이 체포되어 인종차별 파문이 확산되자 미국내 전 점포를 하루 문을 닫게 하고 직원 교육을 실시했는데, 그는 이것을 '인종차별=미국분열'로 인식한 것이다. 그러면서 이와 같은 차별적 상황이 트럼프 대통령 정부에 기인하는 것으로 돌렸다.

미국의 분열을 우려하는 것은 슐츠 회장만이 아니다. 조지 W 부시 대통령 때 국무장관을 지낸 콘돌리자 라이스는 지난 3월 CNN방송과의 인터뷰에서 '미국은 분열된 국가'라고 규정짓고 미국인 스스로 '계급에 갇힌 죄수'라고 생각한다고 말했다.

美정부에서 장관까지 지낸 인물이 이토록 뼈아프게 미국의 현실을 비판한 것은 매우 이례적인 일이다.

무엇이 이렇게 미국을 분열시키고 있는가? 그리고 무엇이'계급에 갇힌 죄수'라고 생각했는가? 라이스 전 장관은 '잃어버린 아메리칸 드림'을 지적하고 있다. 임대주택에 살고, 하루 일을 마치고 집으로 가는 어깨가 늘어져도 '꿈'이 있어야 그 사회가 통합되고 에너지가 생성된다는 것.

그러나 미국보다 더 심각하고 위험스럽기까지 한 분열이 대한민국에서 일어나고 있다. 우리의 분열이 심각한 것은 네 편, 내 편 갈라지는 것에 끝나지 않고 상대를 죽여야 내가 산다는 살기(殺氣)어린 싸움으로 이어가기 때문이다. 이번 지방선거에서 보여 줬듯이 선거운동은 그야 말로 '캠페인'이 아니라 피가 나도록 상대를 물어뜯는 싸움이었고 정당과 후보자들은 경찰과 검찰에 고소장 들고 다니느라 바쁜 '고소 고발전'이었다. 반드시 상대를 감옥에 보내야 내가 산다는 오기(傲氣)가 충천했다.

심지어 '△△괴멸론' 'ㅇㅇ괴멸론'과 같은 섬뜩한 용어들이 정치권에 등장하기도 했다. 관용과 포용으로 상대를 보는 것이 아니라 '괴멸'해야 할 대상으로 보는 것에는 한국인의 장점이면서 단점인 '이념주의'가 갈려 있다. 정치권만 아니라 교육에도 진보와 보수라는 이념으로 갈라져 '중도'는 설자리를 잃어 가고 있다.

그리고 마침내 우리 법조계에까지 분열의 편 가르기가 점점 그 모습을 들어내고 있다. 국민들이 안타까워하는 모습을 법조인들은 얼마나 의식하고 있을까? 법조인들이 법의 정신보다 이념을 더 높은 가치로 받들 때 사법부를 보는 국민은 불안할 수밖에 없다.

종교계는 어떤가? 역시 이념의 분열이다. 순수한 신앙의 목자는 뒷전이고 집회에 쫓아다니며 마이크 잡기에 바쁜 성직자가 많은 것이다. 연예인도 갈라지고 예술, 문학 등등 갈라지지 않는 것이 없다.

그리고 거기에는 왕실의 대비가 죽었을 때 상복을 1년 입느냐, 3년 입느냐, 9개월 입느냐 하는 오죽잖은 복식 문제로 사생결단 싸움을 걸고, 마침내 패자에게 사약이 내려지거나, 귀양살이로 내몰던 사색당쟁의 DNA가 지금껏 이어져 오는 것이다.

지금 이 땅을 뒤덮고 있는 유령 같은 분열의 먹구름. 여기에서 미국의 링컨대통령의 말이 새삼 떠오른다. "노예를 해방하지 않고도 연방이 유지된다면 나는 그렇게 할 것이다." 노예해방 보다 미국의'통합'에 더 큰 무게를 둔 것이다. 정말 국민 통합을 이루는 정치를 바라는 마음이 간절하다.

제갈공명의 '후보자 감별법'

아버지 생신을 맞아 가족들이 식사자리를 마련했다. 식사가 끝날 무렵, 아버지가 6·13지방선거에서 교육감은 A후보를 찍으라고 했다. 과거 아버지가 교직에 있을 때 함께 근무를 했다는 것이다.

그러자 옆에 있던 어머니가 "그 교육감 후보는 어느 정당이냐?"고 물었다. 교육감은 정당공천이 없다고 하자 모두들 "정당 때문에 부담스럽지 않다."며 아버지가 이야기한 A후보를 찍기로 의견이 모아졌다.

다음에는 시·도지사 후보 이야기가 나왔다. 장남은 A후보는 사람은 별로지만 정당이 좋아 찍겠다고 했다. 차남은 B후보가 정당은 안 좋지만 인품이 좋아 그를 밀겠다고 했다. 그러자 시집간 딸이 의견을 말했다. C후보는 정당도 마음에 안 들고 공약도 모르지만 지난 연말

바자회 때 자기 아들을 데리고 갔는데 예쁘다고 안아 주었기 때문에 그를 찍겠다고 했다.

모두들 "아이 한번 안아 주었다고 찍어 주는 건 말이 안 된다."고 하자, "다른 사람은 별수 있나요? 다 똑같지 뭐…. 우리 아기 한 번이라도 안아 준 후보가 좋다구요…."하는 것이었다.

이때 어머니가 거들었다. "도대체 그 많은 출마자들을 어떻게 아나? 나는 영 모르겠더라. 그래서 첫 투표지부터 마지막 투표지까지 줄투표를 하겠다."

이날 그들의 가족모임에서 나온 이야기가 오늘 투표장으로 나가는 우리들 현실이다. 여기에는 공약이나 정책을 촘촘히 챙기는 것도 없고, 그저 아버지가 추천해서, 인물은 마음에 안 들지만 정당이 좋아서, 정당은 마음에 안 들지만 인물이 좋아서…. 그리고 똑같은 사람들이니 아기 한 번 안아준(그러니까 스킨십) 후보를 찍는다는 것.

더욱 놀라운 것은 후보자가 하도 많아 누군지도 모르고 줄투표를 하겠다는 것이다. 실제로 서울시민 90%는 자기가 사는 곳의 구청장 후보를 모르고 있다는 보도도 있었다. 그래서 가장 우려스러운 것은 줄투표다. 처음에 찍은 칸대로 나머지 후보들(교육감, 시장·군수, 도의원, 시의원을 비롯한 기초의원) 모조리 같은 순서로 찍겠다는 것.

정말 이것이야 말로 많은 세금을 쏟아 부어 치루는 지방선거의 뜻을 완전히 뒤집는 것이다. 그리고 민주주의와 지방자치발전을 위해서도 있을 수 없는 것이다.

도지사는 도지사, 시장은 시장, 군수는 군수이고 도의원, 시의원, 교육감도 다 각각 다른 의미를 지니고 있는 만큼 투표도 거기에 맞춰 깊이 생각하고 행해져야 한다.

중국 삼국시대 최고의 전략가이며 유비의 스승 역할을 한 제갈량은 그가 사람을 뽑을 때 기피해야 할 인물을 다섯 가지로 분류했다.

① 의식적으로 사람들 눈에 잘 띄는 옷을 입는 자 ② 귓속말하기를 좋아하고 자기보다 능력 있는 사람을 비방하는 자 ③ 실현 가능성이 없는 이상론으로 사람들을 현혹시키는 자 ④ 공적인 규율을 무시하고 제멋대로 판단하여 선동하기를 좋아하는 자 ⑤ 이익이 된다면 적과도 서슴없이 내통하는 자.

그렇다면 오늘 내 손에 들어 온 투표용지에 오른 후보자들 중에서 제갈량이 예시한 다섯 가지 유형에 드는 사람은 없는지 챙겨 볼 필요가 있다. 이것이 또한 민주주의를 추구하는 우리들 유권자의 의무이기도 하다. 그런데 제갈량은 이런 부류를 감별하는 방법의 하나로 술을 취하도록 마시게 해보라고 했다. 하지만 그 많은 후보들에게 술을 마시게 할 수는 없고 '일'에 취하게 하는 건 어떨까?

제2장

부처님 웃는 뜻은

욕설 공화국

'김삿갓'으로 더 잘 알려진 조선 후기의 방랑시인 김병연(金炳淵)이 중국이 파견한 사신들을 골려준 이야기. 김삿갓은 중국 사신들이 한양으로 오기 위해 대동강을 건널 즈음 뱃사공으로 위장하여 강에서 대기하고 있었다. 그때 그는 일부러 애꾸눈 행세를 했는지, 아니면 정말 그 당시 한쪽 눈을 못 봐서 그랬는지 안대를 하고 있었다.

마침내 중국 사신이 도착하여 배에 올랐고 김삿갓은 열심히 노를 저었다. 그런데 중국 사신이 김삿갓을 보고는 "한쪽 눈을 새가 쪼아갔군." 하고 비웃었다. 이에 김삿갓은 사신의 코가 삐뚤어진 것을 보고는 의연하게 "아하, 바람이 불어 코가 비켜섰구나." 하고 대꾸했다.

디지털제주문화대전에 나오는 이야기다. 물론 김삿갓의 해학은 너무도 유명하지만 옛날 우리 선비들의 은유는 점잖으면서도 폐부를 찌르는 멋이 있었다. 그래서 김삿갓의 재치 있는 한마디 반격에 중국 사신은 한양으로 향하던 발길을 돌렸다는 것이다. 언어의 힘이다.

그런데 시대가 가면서 우리의 언어가 거칠다 못해 욕설의 강도를 높여가고 있다. 특히 북한 평양방송이 우리정부나 미국을 비난할 때 쏟아내는 욕설은 섬뜩하다. 어떻게 방송용어가 저럴 수 있을까 하는 생각도 했지만 이제는 아예 '평양방송=욕설방송'으로 체념해 버렸다. '인간쓰레기', '지X발광', '입에 걸레를 물고…' 등등 차마 지면에 옮기기에도 민망스럽기 때문이다. 그런데 안타까운 것은 우리 사회에도 언어가 순화되지 않고 특히 정치권의 언어는 폭력 수준에 가까워지고 있다는 것이다.

최근 추미애 더불어민주당 대표와 홍준표 자유한국당 대표간의 '빨간 청개구리', '왕파리' 설전이 그렇고 이어 경기도지사 선거에 등장하는 '욕설파문'이 또한 그렇다. 이와 같은 정치 싸움으로 일어나는 인터넷상의 댓글은 누구 편을 들든 욕설로 도배를 한다. '정육점 아저씨의 심장수술', '목을 잘라', 'XX놈'… 그리고 아예 우리말에도 없는 '개쉐이' 등 변종 욕설까지 등장하고 있다.

국회를 가도, 지하철을 타도, 시장엘 가도, 온통 세상은 상스러운 언어로 가득 찼다. 심지어 가족들과 외식이라도 하려고 식당에 갔다가 자칫 술 마시는 젊은이들 옆자리에 앉게 되면 민망한 상소리에 자리를 옮겨야 할 때도 있다.

우리의 말과 글을 만들고 가꾼 세종대왕께서 오늘 이 땅의 언어문화를 보게 되면 통곡할 일이 아닌가?

1972년 미국 닉슨 대통령은 선거를 앞두고 워싱턴에 있는 워터게이트 호텔 도청장치를 지시했다는 것으로 탄핵이 되었다. 그런데 이때 흥미로운 것은 자기 나라의 일도 아닌데 영국인들까지 닉슨의 탄핵에 적극 나선 것이다.

왜 그랬을까? 그것은 다름 아닌 닉슨의 비밀 녹음테이프에 나타난 저속한 표현의 영어 때문이라는 것이다. 한 마디로 영어를 모독했다는 것. 그러니 아름다운 한글을 창제하신 세종대왕께서 오늘 우리의 저속한 상소리를 들으면 참으로 가슴 아파하실 것이다.

인류의 욕설을 재미있고 다양하게 다루어 요즘 화제가 되고 있는 'HOLY SHIT'(멀리사 모어 지음, 글항아리 출판, 서정아 번역)에 의하면 인간의 뇌는 교양 언어를 저장하는 대뇌가 있고 비속어를 저장하는 공간이 따로 있는데 뇌졸중이나 알츠하이머 등으로 대뇌가 손상을 입으면 '제기랄' 같은 안 좋은 단어를 많이 쓰게 된다고 한다.

그럴까? 그렇다면 우리는 지금 집단 뇌손상이라도 입은 것인가?

세종시, 국회(國會)가 오고 장사가 돼야 산다

지난주 말레이시아로부터 날아온 뉴스가 우리 언론에서도 관심 있게 다뤄졌다. 말레이시아 총선에서 야당과 연합한 마하티르 모하마드(Mahathir bin Mohamad)가 총리에서 물러난 지 16년 만에 재집권에 성공했다는 것, 특히 그의 나이가 93세로 현존 세계 정치 지도자들 가운데 최고령이라는 것 등이 관심의 초점이었다.

그는 과거 총리시절 그의 승용차 번호판을 '2020'으로 할 정도로 말레이시아의 '비전 2020'을 제시하며 산업화 정책을 강력히 추진했고 그 정책의 일환으로 '푸트라자야'라는 행정수도를 만들어 냈다. 최첨단 정보통신이 집약된 능률적인 행정도시, 3천명 수용이 가능한 현대적인 컨벤션시설, 인공호수와 아름다운 경관, 이슬람국가로서 말레이시아 정신이 숨쉬는 대형 모스크…. 이렇게 말레이시아를 변화시킨

모하마드이지만 몇 가지 점에서 비판도 받고 있다.

첫째, 수도권 분산을 위해 만든 신 행정수도인데 결과적으로 수도권을 확대한 결과를 가져왔다는 것. 둘째, 최첨단 정부청사와 공공시설은 잘 되어있지만 시민들의 편의시설이 부족하다는 것. 공교롭게도 말레이시아의 새 행정수도를 만든 모하마드가 16년 만에 재집권했다는 뉴스가 전해진 날 세종시는 인구 30만명을 돌파했다는 소식으로 떠들썩했다. 마치 이제 세종시가 대한민국의 '행정수도'로서의 가능성이 열렸다는 듯이….

물론 이와 같은 인구증가는 앞으로도 계속될 것이다. 당장 올해 아파트 1만4천여 가구가 분양되고 내년에도 1만1천여 가구가 분양될 계획이다. 거기에다 내년 안에 행정안전부와 과학기술정보통신부까지 입주하게 되면 인구는 더욱 늘어날 수밖에 없다. 뿐만 아니라 평균연령이 전국에서 제일 젊은 36.8세에 출산율도 전국 평균을 크게 웃도는 1.67명 그러니까 모든 가능성을 다 갖춘 세종시다.

그러나 국무총리 관저는 경찰이 경비근무를 서고 있지만 총리는 주로 서울에 있고 장관들 역시 관사가 비어있는 날이 많다. 그리고 공무원들은 끊임없이 서울 출장으로 바쁜 세종시다. 물론 총리도 주민등록상 세종시민이고 관저는 340억원이나 들여 지어진 것이며 장관들도 그렇게 국민세금으로 관사가 마련되어 있다. 경제부처 70%가 세종시에 있지만 주요 경제회의는 언제나 서울에서 개최된다.

결국 이대로 두면 말레이시아의 신 행정수도가 수도권 분산을 위해 만들어졌지만 결과적으로 수도권을 확산시켰다는 비판이 나오는 것처럼 세종시도 다분히 그럴 우려가 있다. 따라서 '고비용 저효율'의 행정도시라는 비판을 벗어나기 위해서는 공무원을 서울로 끌어올리는 가장 큰 원인 제공을 하는 국회, 그 국회의 분원이라도 하루속히 설치하는 것이다. 상임위가 이곳에서 활발히 전개되어야 국회와 행정부가 제대로 국정을 수행할 수 있고 공무원들이 길에다 버리는 시간과 비용도 절약할 수 있다.

그렇지 않으면 세종시는 '공무원의 도시'라든지 '공무원의 외로운 섬'이라는 소리를 면하기 어렵다. 정말 중요한 것은 세종시가 '젊은 도시', '대한민국의 행정이 이루어지는 행정중심도시'라는 것에 만족해서는 '외로운 공무원의 섬'으로 주저앉고 말 것이다. 국회가 오고, 자족기능을 살려야 아파트는 붐비는데 상가는 썰렁한 지금의 어두운 그림자를 지울 수 있다. 사무실에 앉아있는 사람보다 거리와 상가 골목이 북적거려야 도시가 산다. 세종시도 예외가 아니다.

부처님 웃는 뜻은…

음력 사월 초파일이 가까워지면서 형형색색 연등(燃燈)이 절 마당을 가득 채우는 등 '부처님 오신 날'의 분위기를 한껏 돋우고 있다. 특히 올해의 석가탄신일은 불교계에서 오랫동안 소망했던 '은진미륵'의 국보 승격이 이루어짐으로써(국보 제325호) 더 큰 의미를 안겨 주고 있다.

공식 이름은 '석조미륵보살입상'. 논산 육군훈련소와 가까운 관촉사에 소재하고 있는 이 화강암 불상은 1006년 고려 광종 때 혜명스님에 의해 세워졌는데 보통 '은진미륵'으로 불린다.

문화재청은 '파격적이고 대범한 미적 감각'을 국보 승격의 이유로 밝혔고, 그 뛰어난 독창성과 독특한 모습을 두고 유홍준 전 문화재청장은 '민간신앙에 남아 있던 장승의 이미지를 불교적으로 번안한 듯한 토속성이 보인다.'고 했다.

서울대 명예교수이고 우리나라의 대표적 조각가이기도 한 최종태 씨는 '그 관음상 앞에 서면 나도 모르게 관음의 마음속으로 빠져든다. 관촉사 관음상은 우리들의 모든 것을 다 받아들이면서 앞으로 새 천년을 또 그렇게 거기 서 있을 것이다. 가히 불후의 명작이라 할 것이다.'라고 했다.

높이가 18.12m(폭 9.9m)의 화강암으로 된 이 불상은 국내서 가장 클 뿐 아니라 불상의 귀 역시 3.3m나 되는 등 어떻게 보면 촌스럽고 투박해 보이지만 바로 그것이 친근하게 느껴지는 매력이기도 하다. 그리고 통일신라시대까지 정교한 미를 추구하는 불상, 귀족중심의 불상에서, 민중 신앙으로 발전한 고려시대의 대표적 불상이라는 것이 학계의 주장이고 보면 오히려 국보 지정이 늦은 감도 든다.

투박하지만 따뜻한 정을 느끼게 하는 미소, 그 미소 띤 모습에서 고려시대의 힘든 삶을 살던 백성들은 큰 위안을 얻지 않았을까?

미소를 머금은 부처님 하면 빼놓을 수 없는 것이 국보84호 서산의 마애삼존불상(瑞山磨崖三尊佛像)이다. 흔히 '백제의 미소'로 더 잘 알려진 마애삼존불상은 우리나라에 불교가 들어온 후 최초로 돌에 새긴 마애불인데 역시 가장 특징적인 것은 온화하고 친근한 표정, 얼굴 가득한 미소다.

이 미소가 돌에 새겨진 관음보살, 석가여래, 미륵보살 등 삼존상 모두가 약속이나 한 듯 얼굴 가득한데 아침 해가 떠오를 때는 빛을 받아 그대로 살아있는 것처럼 느껴온다.

어떻게 이런 솜씨가 가능했을까?

전문가들은 이집트의 조상(彫像)에서도 볼 수 없는 미소요 그리스, 로마 작품에서도 찾을 수 없는 미소라고 극찬한다. 앞에 언급한 최종태 교수는 마애삼존불의 미소가 '모두를 사랑한다' '영원을 산다'고 말하는 것 같다고까지 했다.

그리고 어떤 외국 작가는 물었다. "왜 당신네 부처님은 웃고 있는가?" 그럴 수밖에 없는 것이 인도, 중국, 일본, 동남아 그 어느 나라 부처도 이렇게 웃음을 띠지 않고 있기 때문이다. 엄숙하든지, 깊이 생각에 잠겨 있든지…. 그것이 지금까지 보아온 불상이었던 것이다.

그렇게 은진미륵과 마애삼존불상은 삶에 지친 대중들에게 천년의 세월, 미소로서 위안을 주고 희망을 안겨 주었다. 그리고 앞으로도 천년, 그렇게 미소를 머금고 서있을 것이다.

특히 북한의 핵문제로 전쟁의 위험에 빠졌던 우리가 이제 무엇인가 희망의 빛을 찾으려는 올해, 이들 불상의 미소가 더욱 가깝게 느껴진다.

예고된 대한항공 사태와 끼리끼리 병(病)

도요타는 80년의 역사를 가진 일본의 대표적인 자동차다. 생산량 기준으로 연간 천만대에 이르는 세계 최대의 규모를 자랑한다. 그러나 2010년 미국을 비롯하여 유럽, 아시아 등 전세계적으로 가속페달 결함으로 리콜사태가 빚어져 치명적 손실을 입었다. 미국에서만 230만대가 리콜 되었으니, 도요타로서는 매우 굴욕적인 사건이었다.

유달리 정확성을 자랑하는 일본에서 어떻게 이와 같은 불명예스런 리콜사태가 벌어졌을까? 이에 대해 영국의 권위 있는 경제지 이코노미스트는 도요타 경영체제에 문제가 있었다고 지적했다.

도요타 이사는 총 29명인데 모두가 도요타에서 수십 년 동안 충성스럽게 근무하다 승진한 일본인들이라는 것이다. 외국인 이사는 물론 여성과 사외이사도 없었으며 이미 1년 전부터 가속페달 문제가 제기됐음에도 이에 대한 대책을 제시하지 못했다는 것은 바로 이와 같은 이사회 구성에 다양성이 없었기 때문이라는 것.

말하자면 일본인들의 의식에 깔려 있는 순혈주의(純血主義)를 꼬집은 것이다. 일본의 이와 같은 순혈주의는 이민정책에서도 잘 나타난다.

시리아와 아프리카 등 분쟁지역에서 2016년 일본에 망명을 신청한 사람이 1만 901명이나 되었는데 겨우 28명만 받아들이는 인색함을 보여 국제사회로부터 비난을 받았고, 동남아에서 온 노동자들 역시 20년 이상을 기다려도 영주권이 주어지지 않을 만큼 이민정책은 제로에 가깝다. 심지어 북한이 붕괴되면 많은 탈북민들이 일본 해안에 밀려오지 않을까 걱정하는 일본이다.

요즘 총수 일가의 갑질행태가 전국적인 이슈가 되고 있는 대한항공 경영체계 역시 일본 도요타의 이사회 전철과 비슷하다. 아버지가 회장, 장남이 사장, 땅콩회항의 말썽을 빚었던 장녀가 부사장, 그리고 물컵파문을 일으킨 차녀는 전무, 이사진 구성도 충직한 자기 사람들이다. 이와 같은 순혈주의 경영체계는 고도의 기업윤리를 가정의 부엌 수준에 머물게 할 위험이 있다. 그래서 이들은 그들의 은밀한 부엌에 들어오는 외부 사람을 꺼리며, '가사 도우미' 정도로 인식한다.

뒤늦게 전문경영인 체제로 운영한다며 사내에서 부회장을 발탁했지만 일본 도요타가 사내에서 이사를 발탁하는 것과 비슷하며, 오너의 장남이 사장으로 버티고 있는 상황에서 부회장 자리가 얼마만큼 전문

경영인의 역할이 가능할까도 의문이다.

이처럼 외부와 벽을 쌓고, 섞여 사는 '융합의 힘'을 거부하는 병폐는 대한항공뿐 아니라 우리 사회 곳곳에 도사리고 있다. 장애인 시설이 이웃에 들어오는 것을 반대하며 그럴 듯한 슬로건을 내걸고 구청 마당에 몰려가 집단행동을 하는 것도 그렇고, 임대 아파트 아이들과 같은 학군에 배정되는 것을 반대하는 민원이 제기되는 것도 그렇다. 왜 우리는 '섞어 사는 융합'에 익숙하지 않고 '우리끼리의 순혈주의'에 탐닉하는가? 심지어 종교계에서도 같은 종교가 아니면 얼굴을 돌리고 같은 종교라도 교파가 다르면 이단 취급하는 우리 풍토다.

교육계는 A대학 출신들이 주류를 이루어야 하고, 법조계는 B대학 출신들이, 예술계는 C대학 출신들이…, 하는 식의 학벌주의, 경상도, 전라도, 충청도…, 지역 편 가르기, 이 모든 것이 우리가 허물어야 할 벽이다. '미투운동'이 우리의 성(性) 문화를 반성하는 계기를 만들어 주었듯이 이번 대한항공 문제도 융합을 외면하는 우리 사회의식에 어떤 경종이 되었으면 싶다.

'교육부 해체론(論)'까지 나오는 우리 교육

'결코 천사가 아닌 아이들과 결코 낙원이 아닌 학교….'

해직됐다 복직되는 등 우여곡절을 많이 겪은 박일환이라는 고등학교 국어 선생님이 '바보 선생'이라는 책을 냈는데 그 속에 그런 표현이 있다. '결코 천사가 아닌 아이들과 결코 낙원이 아닌 학교' 오늘 우리의 교육현장을 잘 표현한 것 같다.

그렇게 우리 교육은 시끄럽고 아우성이다. 1천 200만 명에 이르는 초중고대학생들 그들과 매일 부딪히는 50만 명 상당의 교원들, 대한민국 30대 이상의 성인이면 거의 해당되는 학부모, 그들이 갖고 있는 폭발적인 교육열…. 따라서 365일 교육은 조용할 날이 없다.

그러니 우리나라 교육부 장관의 평균 수명은 7~8개월. 단명일 수밖에 없다. 그중에는 취임 3일만에 물러난 장관도 있다. 2005년 1월 7일 교육부총리로 임명된 이기준 서울대총장은 교수 시절의 사회이사 겸

직과 아들 병역 문제가 불거져 3일 만에 물러난 것. 이와 같은 7~8개월 단명 장관 밑에서 국가 백년대계인 교육정책이 제대로 될 리 없다.

세계적으로 가장 안정적이고 성공적인 교육정책을 이어 오고 있는 나라로 평가받는 핀란드는 국가 교육 최고 책임자로서 국가교육청의 사무총장이던 에르끼 아호(Erkki Aho)가 20년이나 한 자리를 지켜온 것에서 원인을 찾기도 한다.

물론 우리나라처럼 교육정책이 복잡한 나라도 없다. 대입 수능시험, 특목고, 검인정 교과서, 교원 평가제, 수시모집, 조기 영어교육, 교원 임용제, 교원 노조 등 정말 끝이 없는 게 교육정책이고, 그 하나하나 시비가 치열하게 달라붙어 있는 게 현실이다.

이렇게 우리 교육이 시끄러운 것에 대해 어느 교육부 장관은 언론 시스템을 탓한 일이 있었다. 대부분 언론사들이 교육문제를 사회부에서 다루지 않느냐, 사회부는 사건을 다루는 부서니 교육을 사건으로만 보기 때문에 교육의 본질 접근이 힘들어진다 등 대충 그런 논리로 언론을 탓했다.

그러나 그것은 문제를 잘못 짚어도 한참 잘못 짚은 것이다. 가령 말썽 많은 대입제도만 해도 그렇다. 최근 교육부 차관이 주요 대학에 고2 학생들이 치를 2020학년도 입시의 정시 비중을 확대해 달라고 전화를 건 사실이 밝혀져 논란이 일고 있는 가운데 대통령 직속 국가교육회의가 8월까지 국민의견수렴을 거쳐 대입개편안을 마련하겠다고 하자 한

정된 시간에 어떻게 단일인이 가능하지, 복잡한 이해관계에서 빚어질 세 싸움을 어떻게 감당할 것인지 비난의 소리가 높다.

정말 이것이야말로 교육부 취재가 사회부에 속한 언론 시스템의 문제가 아니라 교육부의 체질적 취약성 때문이 아닐까? 차라리 교육부를 해체하라는 소리도 그래서 나오는 것이 아닐까?

이처럼 '교육부가 없어야 한국 교육이 산다'는 이야기는 어제오늘 나온 이야기가 아니다. 그만큼 우리 교육의 문제가 얼마나 뿌리가 깊은지를 말해 주는 것이다.

학벌 위주의 우리 사회병폐를 지적할 때는 '서울대가 없어야 교육이 산다'고 하고, 우리 영어 교육에 대해서도 '영어교사가 없어야 영어 교육이 산다'고 하는 말도 역시 우리 교육의 심각한 면을 말해 주는 것이다.

교육부가 없어야, 서울대가 없어야, 영어 교사가 없어야, 등 교육부를 향한 볼멘소리가 나오지 않도록 우리 교육 백년대계가 세워져야 하겠다. 요즘 우리 교육부의 모습이 너무 불안해서 하는 말이다.

이럴 때
명탐정이 등장했으면

이스탄불에서 런던으로 달리는 초호화 특급열차에서 살인사건이 발생한다. 용의자 13명 모두 완벽한 알리바이를 내세우고 있는 가운데 미궁에 빠질 이 사건을 최고의 탐정 에르큘 포와로가 해결한다.

'오리엔트 특급살인'으로 세계적 화제를 모았던 영화다. 아무래도 탐정하면 고전처럼 되어 있는 '셜록홈즈'를 빼놓을 수 없다. 물론 셜록홈즈 역시 추리소설에 등장하는 명탐정인데, 그가 은퇴할 때까지 무려 500여 건의 사건을 처리하는 실력을 보여줘 탐정의 대명사처럼 되었다. 프랑스에도 뤼팽이라는 명탐정이 있었다. 그가 유명한 것은 도둑으로 활약하다 탐정으로 변신, 뛰어난 사건해결의 솜씨를 보여줬기 때문이다.

이와 같은 수사기관이 아니면서도 의뢰인을 위해 사건을 처리해 주는 사립탐정을 법적으로 인정해 주는 나라가 많다.

일본에서도 '민간조사 서비스'라는 간판 아래 사립탐정역할을 하는 인원이 6만 명에 이른다고 한다. 이들은 보험사기, 산업정보유출, 토지거래, 교통사고의 증거수집과 같은 사실관계를 파악해 주는 것을 주 업무로 하고 있다. 일본에서 수사기관에 고발, 고소하는 것이 우리나라와 비교가 안될 만큼 적은 것도 이런 제도의 효과가 있을 것이다.

정말 우리나라는 '고소공화국'이라는 말이 나올 정도로 고소 · 고발이 너무 많다. 2014년 우리 국민이 경찰에 제기한 고소사건은 52만7천200여 건. 여기에 도장을 찍은 고소인은 72만3천 명이 넘는다. 일본의 60배에 달한다. 그런데 이들 고소 사건 중 혐의가 있어 재판에 회부된 것은 20.7%밖에 되지 않고, 80% 가까이가 무혐의나 불기소 처분됐으니 얼마나 국가 공권력이 낭비되었는가?

특히 우리사회를 갈등과 불신으로 몰고 가는 무고사범이 많은 것도 큰 문제다. 법무당국의 자료에 의하면 2010년 3천332건이던 무고사건이 2014년에는 4천859건, 2015년에는 5천386건으로 껑충 뛰었다. 특히 우려스러운 것은 선거 때만 되면 고발 · 고소사건이 사태를 이루고 있는 것. 일단 상대후보를 모함하는 고발을 하고 다시 언론을 통해 퍼트림으로써 선거상황을 유리하게 만드는 것이다.

진실을 밝힐 수사 활동 시간은 짧고, 그러다 보면 선거기간은 막을 내리기 때문에 뒤늦게 그것이 결백으로 밝혀진다 해도 무슨 소용이 있겠는가? 이처럼 선거사범 수사를 신속히 처리 못하는 우리 경찰의 수사력도 문제지만 선거만 끝나면 고소취하 등 흐지부지 되는 정치상황도 문제다.

예를 들어 지난해 19대 대통령선거와 관련, 옛 국민의당이 민주당을 상대로 낸 고발사건이 9건이나 되는 데 양당 합의에 의해 이를 취하했다. 그런데 바로 이 취하 리스트 중에 요즘 정치권의 불덩이가 되고 있는 '드루킹'이 들어 있는 것이다.

그때 취하를 하지 않았다면 '드루킹' 사건도 정상적 절차에 의해 수사가 진행 됐을 것 아닌가?

최근 지방선거를 앞두고 경기도지사 후보경선때 '혜경궁 김씨'가 등장하더니 여기저기서 고소·고발을 제기하는 등 과열 조짐을 보이고 있다는 보도다. 그리고 여전히 인터넷상에서는 여론을 오도하는 악성 '댓글'이 우글거린다.

이럴 때 선거기간만이라도 '셜록홈즈'나 '오리엔트 특급살인'의 에르큘 포와로 같은 명탐정이 등장했으면 어떨까. 그래서 고소·고발을 선거에 악용하는 범죄를 뿌리 뽑고 '제2의 드루킹'이 등장하지 못하도록 하면 좋겠다.

눈물도
정치라고?

가톨릭 성당의 입구에는 조그만 그릇에 사제가 축성한 물을 언제나 비치한다. 보통 물과는 달리 사제가 의식을 갖춰 축성했다 하여 성수(聖水)라고 부르는데 신자들은 성당에 들어올 때 손가락 끝으로 이 물을 찍어 이마에 바르며 십자 성호를 긋는다. 세례 때처럼 거룩한 물(Holly Water)로 영혼을 깨끗이 한다는 기도의 성격이 짙다.

그런데 이 '거룩한 물'을 눈물에 비유한 이가 있다. 인도와도 바꾸지 않겠다는 영국의 천재적 작가 셰익스피어. 그는 '눈물은 성수(聖水)'라고 선언한 것이다. 그의 작품 '로미오와 줄리엣'을 비롯하여 주옥같은 4대 비극, 거기에서 주인공들이 흘리는 눈물은 영혼을 깨끗이 씻어주는 성수에 비길 수 있을 것이다.

정봉주 전 의원이 성추행 의혹으로 세간의 여론이 뜨거워질수록 TV

카메라 앞에서 눈물 흘리는 횟수가 늘어났고 두 뺨에 흐르는 눈물의 양도 많아졌다. 만약 셰익스피어가 살아서 그 자리에 있었다면 '눈물은 성수다'라고 한 자신의 말을 당장 취소했을 것이다. 그리고 그는 이렇게 말했을 것이다.

"눈물은 쇼다."

사실 많은 사람들이 정 전 의원이 자꾸만 눈물을 보이는 것에서 오히려 '감춰진 검은 진실'을 예감했을 것이다. 그는 성추행을 세상에 고발한 여성을 '만난 적이 없고, 렉싱턴호텔에 간 적도 없다. 전 국민과 언론을 속게 한 기획된 대국민 사기극'이라고 펄쩍 뛰며 일관되게 의혹을 부인했다. 그리고 자신의 결백을 증명할 780장이나 되는 사진이 있다고 내세웠으며 마치 고려말 이성계의 위화도 회군(回軍)을 연상시키기라도 하듯 '나에게 회군은 없다'고 선언했다. 서울시장 출마 결의에 변함이 없다는 뜻이다.

그러나 그 눈물 많고 소피스트를 무색게 하는 레토릭(수사학)의 언변에 능란했던 정 전 의원은 손바닥 크기도 안 되는 신용카드 영수증 하나에 맥없이 무릎을 꿇고 말았다. 그의 정치 꿈도 무너졌다. '눈물을 성수'로 여기며 살아온 사람들을 허망하게 만들어 버린 것이다.

원래 정치인들의 눈물은 그런 것이다. 그래서 정치하는 사람들에겐 '눈물도 정치'라는 말이 통한다. 물론 정치를 떠나 가슴에서 우러나는 눈물이 없는 건 아니다. 노무현 전 대통령은 선거광고에 눈물 흘리는 모습으로 유권자들을 움직였지만 정말 가슴을 짠하게 하는 장면도 있었다. 재임시절 안희정 전 충남지사가 자신을 위해 감옥에 가는 등 고생한 것을 말하다 '나는 그에게 빚을 졌다.'며 손수건으로 눈물을 닦는 장면이었다. 지금은 그 안희정도 성추문 사건으로 지사직마저 잃고 회한(悔恨)의 눈물을 흘리지만….

1974년 박정희 전 대통령이 북한의 지령을 받은 조총련계 재일 교포 문세광에 의해 비명에 간 육영수 여사의 운구차를 배웅하며 손수건으로 눈물을 훔치던 모습, 오바마 전 미대통령이 총기 난사로 목숨을 잃은 20명의 초등학교 어린이들을 추모하며 눈물을 줄줄 흘리던 모습.

정말 정치인들이 '눈물도 정치'라고 생각하며 허투루 우는 모습은 '악어의 눈물'처럼 역겹지만 진정성에서 우러나는 눈물은 국민의 마음을 움직이는 힘이 있다. 문제는 정치인이 무대에서 우는 모습이 아니라 국민들의 삶 속에서 눈물을 닦아주는 모습이다.

최근 미국은 물론 우리나라에서도 큰 인기를 몰아왔던 영화 '인턴'에서 주인공 벤(로버트 드 니로)는 울고 있는 젊은 직원에게 자기 손수건을 건네주며 말한다. "손수건은 나를 위해 있는 게 아니라 누군가의 눈물을 닦아 주기 위해 있다."

정말 국민의 눈물을 닦아 주는 정치인이 너무 그립다.

50~60대(代) 당신의 무거운 짐

초등학교 교감 선생님으로 있다가 정년퇴임한 분이 내가 살고 있는 아파트 경비원으로 근무하고 있다. 그가 변두리에 속하는 우리 아파트 경비원으로 오게 된 사연은 바로 인근에 있는 노인요양병원에 입원하고 있는 노모(老母) 때문이다.

올해 85세의 그의 어머니는 치매를 앓고 있어 4년 전부터 이곳 노인요양병원에 입원해 왔다. 경비원 아저씨는 근무시간이 끝나면 자전거를 타고 요양병원에 가서 어머니를 뵙고 퇴근하는 게 일과처럼 되어 있다.

참으로 효자라는 생각이 든다. 그러나 이 경비원 역시 60대 중반으로 옛날 같으면 노인 취급을 받을 나이다. 더욱이 교감으로 정년 퇴임했으니 연금도 있을 텐데 굳이 아파트 경비원을 하는 이유는 무엇일까?

그 궁금증은 어느 날 밤 경비실 앞을 지나다 우연히 알게 됐다. 한 젊은이를 앞에 세워 놓고 경비원 아저씨가 소리를 지르는 것에 나는 깜짝 놀랄 수밖에 없었다.

"내가 무슨 돈이 있냐? 너의 할머니 요양병원비 내랴, 취직 못해 놀고 있는 네 용돈 대랴, 그래서 내가 이 나이에 아파트 경비원하고 있는 것인데 너 지금 돈을 내놓으라니 무슨 소리냐?" 경비원 아저씨의 몇 마디로 이들 부자간의 갈등을 짐작할 수 있었다.

그러니까 취업난에 허덕이는 아들 생활비를 대주던 아버지가 아들이 취업을 포기하고 조그만 식당을 하겠다고 나서자 화를 낸 것이다. 결국 이들 부자간 갈등은 그들만으로 끝나지 않고 어떻게든 아들을 도와주려는 어머니의 안쓰러운 모정이 부부갈등으로 이어졌고, 일생을 함께 살아온 부부는 마침내 황혼 이혼에 이르렀다는 것이다.

이처럼 늙은 부모를 봉양하고 자식까지 돌봐야 하는 이중고를 겪는 중년을 더블케어족(Duble Care 族)이라고 일본 요코하마대학 소마 나오코(相馬直子) 교수는 명명했다.

인간 수명이 늘어나면서 부모의 생존기간이 길어지자 요양병원 등 간병비가 크게 증가하고 산업구조 변혁과 경제불황으로 취업문이 좁아지면서 자식들의 취업난도 가중돼 생활비, 결혼자금, 주택자금, 심지어 자동차 할부금까지도 도와줘야 하는 현실을 지적한 것이다.

흔히 '캥거루 족'이라고도 부르는 부모의존 20~30세대들, 비록 그들이 취업을 했다 해도 월평균 200만원 정도의 월급으로는 여전히 부모에게 손을 벌리게 되니까 '더블 케어'의 고민이 깊어질 수밖에 없다.

뿐만 아니라 수입이 적은 아들의 자녀, 그러니까 손자 손녀의 육아비까지 지원을 해주어야 하는 처지를 일컬어 '트리플 케어'라는 신조어까지 생겨났다. 이 모든 뒤틀린 사회구조는 고령화와 저성장이 가져온 결과다.

글로벌 투자그룹인 미래에셋 은퇴연구소의 50~69세 남녀 2001명을 대상으로 조사한 바에 따르면 34.5%가 이와 같은 더블 케어에 속하는 것으로 나타났다. 그러니까 우리의 더블 케어 현상은 생각하는 이상으로 심각하다는 것을 알 수 있다. 그야말로 50~60대는 '잔인한 세대'인 셈이다.

특히 이 조사에 의하면 50~60대 저소득층일수록 고민은 더 심각하여, 소득 하위 20%는 전체 소득의 3분의 1이 부모와 자녀에게 쓰여지고 있다는 것이다. 여기서도 빈부 격차가 커서 상위권 20%는 6분의 1만 부모와 자녀를 위해 지출하는 것으로 되어 있다.

최근 한 국제기구에서 조사한 행복지수에서 우리나라가 2013년 세계 41위였던 것이 2017년에는 57위로 뚝 떨어진 것도 이와 같은 더블 케어, 트리플 케어 현상과 무관치 않을 것이다. 국민을 행복하게 해 주는 것. 정치인들이 정신 차려야 할 대목이다.

정치인들만 행복해지는 것은 행복이 아니기 때문이다.

공무원 선거에 줄서기, 눈치 보기

우리나라에만 있는 특별한 직업 중 하나가 줄서기 알바다. 실외는 시간당 1만 5천원, 실내는 1만원을 받는 아르바이트인데 줄서는 수요가 급증하자 줄서기 대형 전문 블로그도 생겼다.

지난겨울에 유행을 몰고 왔던 롱패딩 판매 때에도 새벽부터 백화점에 사람들이 몰려들자 아예 줄서기 알바가 단단한 역할을 했다. 롱패딩뿐 아니라 신발 등 특정 상품을 한정 판매한다는 광고를 내보내면 줄서기 아르바이트를 고용해야 할 만큼 히트를 치는 경우가 있다. 이렇듯 수량을 제한해서 공급한다는 것은 줄서기가 필수적이다.

이름난 유치원 원생 모집이 그렇고 추석 열차표 예매와 아파트 분양이 그렇다. '로또 아파트'라고 불리는 서울 서초구 양재동 디에이치자이 개포 모델 하우스 앞에서는 지난 16~18일 무려 1㎞가 넘는 긴 행렬을 이루었는데 약 4만6천명이 몰린 것으로 추산하고 있다. 같은 기간

과천의 위버필드 모델하우스에도 2만 7천명이 몰려 북새통을 이루었다. 이처럼 한정된 수요와 공급은 도리없이 줄서기가 이루어지고, 그 줄서기는 끼리끼리 문화, 계파 정치, '지역주의'를 만들어내게 된다.

조선시대 우리의 사색당쟁이 극심했던 것도 자리는 한정돼 있고 자리를 차지하려는 양반의 자제들이 넘쳐나는 것에서 출발했다. '이조전랑'(吏曹銓郎)은 정5품, 정6품의 벼슬이었지만 관원의 선발권을 갖는 실권 때문에 막강한 권력을 행사할 수 있었다. 따라서, 이 자리를 어느 계파에서 차지하느냐에 따라 계파의 운명이 판가름 날 정도였다.

동서(東西) 당쟁의 시발이 된 심의겸(沈義謙)과 김효원(金孝元)의 싸움도 이 자리다툼에서 시작됐다. 당시 심의겸을 따르는 사람들은 그가 살고 있는 곳이 한양 서쪽 정동이어서 '서인'이라 했고, 김효원을 추종하는 사람들은 한양 동쪽 건천동에 살았기 때문에 '동인'이라 했는데 이들의 치열한 대결은 시간이 흐르면서 노론, 소론, 남인 등으로 분화되어 '사색당파'의 정점을 이루게 된다.

마치 '3金' 정치시대, 김대중 전 대통령을 추종하는 사람들을 그 사는 곳 '동교동' 이름을 따서 '동교동계'라 하고 김영삼 전 대통령 세력을 '상도동계', 김종필 전 총리 세력을 '청수동계'라고 한 것과 같다.

어쩌면 우리 정치는 변하지 않고 옛날대로 악습을 되풀이하는 것일까. 그때나 지금이나 자리는 부족하고 그것을 차지하려는 사람들은 아파트 청약처럼 추석 열차표 예매처럼 넘쳐나기 때문일까. 그래서 낙하산 인사, 코드 인사, 계파독식 등 요즘 용어로 치장되지만 그 혜택을 누리기 위해 줄서기에 몸살을 앓는 것은 동인, 서인, 노론, 소론, 남인, 북인…, 그때나 마찬가지가 아닌가.

최근 경기일보 보도에 의하면 6 · 13 지방선거가 가까워지면서 공무원들의 줄서기, 선거개입 등 선거 분위기를 흐리는 작태가 우려스러울 수준이라고 한다.

E시에서는 단체장 후보와 학교 동문관계 공무원들이 '서로 패를 지어' 선거를 지원하고 있다는 소문이 퍼지고 있으며, D시에서는 일부 간부 공무원들이 여당의 유력 주자와 식사 자리를 갖는 등 차기 단체장 줄대기 현상이 벌어지고 있다는 것이다. 어느 시에서는 시의회 공무원이 특정 후보의 홍보지원 사례까지 알려져 논란이 일어나고 있다.

특히 현직 단체장이 출마한 곳의 공무원들은 선거 후 인사상 이익, 불이익 계산 때문에 공무 수행에도 부담을 느끼고 있다는 것이다. 이것이야말로 '줄서기 순회'의 크게 잘못된 폐단이 아닐 수 없다. 줄서기를 하는 것도, 줄 세우기를 강요하는 것도 유권자들은 눈을 크게 뜨고 감시를 해야 할 것이다.

상처뿐인 충청도 정치 잔혹사(殘酷史)

5 · 16 군사혁명의 주역 김종필(JP) 전 국무총리가 1968년 반대세력에 밀려 외유를 떠나면서 '자의반 타의반'이 라는 말을 남겼다. 이 말은 지금도 정치권에서 많이 쓰여지는 유행어가 되었다.

그리고 이때부터 충청권의 정치적 입지는'자의반 타의반'바람을 타기 시작했다.

JP를 추종하는 충청권 출신 정치인들이 수난을 겪었으며 '3선 개헌 파동' 때는 더욱 많은 고초를 겪었다. 보다 결정적인 것은 JP가 대통령 후보를 양보하고 김대중(DJ) 국민회의후보에게 충청표를 몰아 주는 대신 국무총리 자리를 약속받는 이른바 1996년의 'DJP' 연합이다. 이 거대한 정치거래도 몇 년 안가서 파국을 맞게 되고, JP 자신은 물론 충청권의 자존심에 상처를 안기고 말았다. 이와 같은 정치적 거래에 태생적으로 거부감이 강했던 충청도 정서는 그후 부터 JP와 정치적 결별을 시작했다.

충청인의 마음에 상처를 입히는 사건은 이후에도 계속된다. 1997년 제15대 대통령선거에서 이회창 · 김대중 · 이인제 3파전이 전개되었는데 안타깝게도 이회창후보와 이인제후보 모두 충청 출신이었고 특히 이인제후보는 신한국당 경선에 참여, 패배하자 승복하지 않고 국민신당을 창당해 대통령 후보가 됨으로써 보수 진영의 분열을 가져왔다. 그리하여 500만표나 많은 표를 얻었지만 승자는 김대중.

물론 JP이후에도 충청권을 중심으로 한 정치세력화를 시도한 바가 없었던 것은 아니다. 그 대표적인 것이 심대평 전 충남지사와 이회창 총재가 의기투합하여 출범시킨 자유선진당.

2008년 심 전지사는 자신이 대표로 있던 국민중심당을 자유선진당으로 흡수 합당까지 하였으나, '심대평 총리 기용설'에 이회창총재가 제동을 걸자 심대표는 이회창총재의 당 운영방식에 불만을 지적하고 탈당을 선언, 자유선진당은 바다에 떠 있는 종이배처럼 되고 말았다.

이렇듯 충청권의 약점은 정치적 세력을 형성하는 데 필수적인 인맥이 두텁지 못하고 정치자금면에서도 큰 주머니가 없다는 것이다.

이런 풍토에서도 반기문 전 UN사무총장의 등장은 충청인들에게 큰 기대를 모으게 했다. 그러나 그것은 꿈이었다. 감동의 메시지 없이 충청인들 앞에 나타나 '꽃가마' 타기를 기다린 반총장은 충청인들을 크게 실망시켰고 결국 그는 낙마를 하고 말았다.

이처럼 충청권 이익을 대변하는 '힘의 공백'이 계속되다 이완구 전 국무총리의 등장은 기대를 모으는가 했는데 곧바로 '불법선거자금수수' 누명에 좌절했다. 다행히 대법원의 무죄판결로 오명에서 벗어났으나 '못은 뽑아도 못자국은 남는다'는 말처럼 그 아픔은 쉽게 잊혀 지지 않을 것이다.

이런 가운데 올봄 '회오리 바람' 처럼 불어 닥친 '미투(Me Too)'운동에 안희정 전 충남지사가 퇴진과 함께 검찰수사를 받게 되었다. 충격이다. 충청권을 이끌 정치인, 신선한 이미지와 도전 정신에 기대를 모았던 충청인들에게는 이번 성추문 사건이야 말로 실망을 넘어 가슴을 휑하게 뚫어 버리고 말았다.

계속되는 충청권의 정치 잔혹사(殘酷史)에 정치적 입장, 이념, 정당 소속 여부를 초월, 누구든 허탈해 하는 것이 사실이다.

여야를 떠나 국민적 존경과 사랑을 받는 지도자가 존재한다는 것은 그 지역의 정신적 힘이요 가치다. 그런 의미에서 하루속히 이 땅에 정치적 기운이 솟아나길 바랄뿐이다.

권력의 취기(醉氣)와 성(性)

5·16 후 현역 군인들이 도지사, 경찰국장 등을 차지했다. 충남도지사는 E모 육군소장. 한 번은 지방 출장길에 도로변의 한 초등학교를 예고 없이 방문했다. 그때는 지방교육도 도지사가 관할했기 때문에 학교 시찰도 가능했다.

그런데 도지사를 운동장에서 맞이한 교장 선생님은 고무신을 신고 있었다. 장군 계급장을 단 도지사는 가지고 있던 지휘봉으로 교장 선생님의 신발을 가리키며 "이거 고무신 아니야. 공무원으로서 정신자세가 안됐군."하며 호통을 쳤다. 그리고는 즉시 '직위해제'라는 무거운 징계를 내렸다.

도지사 앞에 구두를 신지 않고 고무신 바람으로 나타났다 하여 '직위해제' 그렇게 서슬 퍼런 시절, 권력은 칼춤을 추었다. 그리고 소위 정치군인들은 그 '권력'이라는 게 얼마나 맛이 있는가를 알게 되면서 그

맛을 잃지 않기 위해 또 다른 큰 권력에 아부를 해야 했다.

우리는 권력하면 정치권력을 생각한다. 특히 국회권력. 그런데 국회의원이 되기 위해서는 선거라는 뜨거운 도가니 속을 통과해야 하고, 국회 배지를 달았다고 끝나는 게 아니라 임기 내내 지역 유권자들을 허리가 휘도록 관리해야 한다. 그렇게 해서 국회의원이 되면 무엇이 좋은가? '국가와 민족을 위해서 봉사하는 것'이라고 흔히 말한다.

그러나 오래전 한 의원이 사석에서 한 말이 생각난다. '국무총리고 장관이고 답변대에 세우고 국정 현안문제를 따질 때 국회권력을 실감하며 선거 때 고생한 것을 모두 상쇄시킨다.'는 것. 하지만 여기까지는 좋은데 장관을 죄인 다루듯 윽박지르거나 저속한 언어로 호통을 치는 것은 권력에 완장을 찬 것이다.

최근에도 그런 장면이 TV에 보여줘 시청자들의 눈살을 찌푸리게 했다. 국회의원이 질문하는데 웃었다고 야단치는 것이다. 이럴 때 흔히 하는 말은 '국회를 무시하느냐'는 것. 그러나 세계에서 웃음을 웃었다고 야단치는 나라가 어디에 있을까.

이와 같은 잘못된 권력의 취기(醉氣)가 정치권력에만 있는 게 아니다. 권력을 쥔 영화감독, 잘 나가는 배우, 학생들의 학점과 사회진출을 좌우할 교수, 심지어 대학 교문을 지키는 수위 아저씨에게도…. 어떤 대학생은 학교 다니는 동안 제일 깨끗하고 정직한 사람은 그 학교 수위 아저씨라고 생각했다. 그런데 어느 날 그 아저씨가 잡상인으로부터 돈을 받고 출입을 허가하는 것을 목격하고는 크게 실망했다고 한다. '여기 이 구석진 곳에도 권력은 있구나'.

이처럼 과거의 정치권력 중심에서 점점 권력은 분화되고 있다. 그만큼 우리 사회가 진화되고 첨단화되고 있다는 뜻이기도 하다. 긍정적 가치가 크다. 그래서 국회권력, 사법권력, 군사권력, 언론권력, 노동권력, 금융권력, 문화권력, 시민단체권력, 종교권력, 의료권력 등. 무엇이든 살아 있는 조직에는 '권력'이라는 두 글자만 씌우면 되는 세상이 됐다.

문제는 이런 권력이 그 소임에 충실하지 않고 삐뚤어진 취기가 발동하는 것이다. 돈에 취하면 세상은 부패하게 하고 성(性)에 취하면 세상을 타락케 한다. 요즘 어둠 속에 감춰졌던 추악한 권력의 성 탐닉(耽溺)이 '미투(Me Too)'라는 출구를 통해 세상에 노출되면서 충격을 주고 있다.

그러나 이것은 빙산의 일각에 불과할 것이다. '권력'이라는 이름을 달고 있는 모든 분야에서 지금 이 순간도 많은 약자들이 성폭력 성희롱에 시달리고 있을 것이다. 이처럼 타락한 '권력의 취기' 참으로 슬픈 일이다.

표류하는 북한 목선(木船)과 결핵환자

경기도 안산시에 본부를 두고 있는 유진벨재단 S.W 린튼(한국명 인세반) 회장은 최근 기자회견에서 충격적인 사실을 발표했다. 북한에서 2015년 한 해에 결핵으로 죽는 사람이 5천명 정도였으나 지금은 1만1천명으로 증가했다는 것이다.

더욱 놀라운 것은 매년 '다제내성' 결핵환자가 5천명 이상 늘어난다는 것. 영양실조, 약품부족으로 북한에 결핵환자가 상상 이상으로 많다는 것은 잘 알려졌었지만 '다제내성' 결핵환자가 이처럼 늘어나고 있다는 것은 충격적이다. 왜냐하면 '다제내성'은 결핵을 한번 앓고 치유했던 사람이 지속적인 관리부실로 재발하여 치료가 어려운 내성이 생긴 것을 일컫기 때문이다.

문제의 심각성은 이런 환자가 매년 5천명 이상 증가하는데도 북한에서는 약이 생산되지 않는다는 것이다. 김정은은 핵무기를 만드는데는 엄청난 노력을 쏟아붓고 있지만 정작 백성들의 삶에는 관심이 없기 때문이다. 그렇다고 국제사회 온정의 손길이 뻗히는 것도 아니다.

북한의 핵 위협이 고조되면서 구호의 손길도 줄어 매년 5천명씩 늘어나는 '다제내성' 결핵환자 중 600명만이 치료를 하고 있다. 이것이 참혹한 북한 현실이다. 그래서 1995년부터 북한 결핵치료 구호사업을 해오고 있는 유진벨재단의 인세빈회장은 이 같은 상황을 방치하면 한국에도 직간접적으로 영향을 줄 것이라며 정치를 초월하여 관심을 가져주길 희망했다.

북한의 참상을 말해 주는 것은 결핵만이 아니다. 지난 연말, 일본 아키타현 해안에 허름한 북한 어선 한 척이 표류하다 발견됐다. 배 안에는 시신 8구가 있었는데 가슴에 북한 김정일 배지를 달고 있는 시신도 있었다. 아키타현에는 그 며칠 전에도 2척의 북한 어선이 표류하다 경찰에 발견되었다. 이렇게 표류하다 일본 해안에 떠밀려온 어선은 지난해만 83건이나 되며 배에서 발견된 시신도 42구나 된다. 5년 동안 표류어선을 집계하면 300척이나 되니 북한의 인권참상을 더 이상 설명할 길이 없다.

그리고 마침내 올해 1월 7일, 우리 동해상에서도 표류하던 목선이 발견되었는데 여기에도 시신 4구가 부식돼 있었다. 고기잡이를 하다 표류된 것인지, 남으로 탈북하다 그렇게 된 것인지는 밝혀지지 않았지만, 목숨을 걸고 휴전선을 넘어오는 귀순병까지 생각하면 북한 내부사정이 심각한 것은 부인할 수 없다.

이렇게 북한 어선의 표류가 늘어나고 있는 것은 첫째 북한 인근의 연안어장을 중국에 넘기고 북한 어민들은 일본 EEZ(배타적 경제구역)까지 진출시키는 것, 둘째 이렇게 멀리 나와 조업을 하기에는 낡은 목선으로는 무리라는 것. 그런데도 북한 당국은 외화 획득과 식량 확보를 위해 어민들을 이렇게 위험한 사지(死地)로 내몰고 있는 것이다. 더욱 우리를 안타깝게 하는 것은 어선만 낡은 것이 아니라 어부들의 행색이 말이 아니라는 것이다.

앞에서도 말한 대로 매년 결핵으로 죽어가는 5천명의 북한 동포들, 그러나 결핵약을 생산하는 제약공장이 없는 북한, 500㎞가 넘는 일본 EEZ 해역까지 낡은 목선으로 고기 잡아오라고 내모는 북한, 여기에 핵무기가 무슨 의미가 있는가. 정말 김정은이 해야 할 것은 핵무장과 미사일 생산에 쏟아붓는 돈을 주민들 삶을 위해 써야 하는 것이다. 구 소련이 망한 것은 핵무기가 없어서가 아니라 '삶의 질'을 갈망하는 국민의 욕구 때문이었음을 알아야 한다.

선거철,
반기문 총장 낙마(落馬)의 교훈

모든 사람들의 가슴을 뜨겁게 달구었던 평창 올림픽이 막을 내리면서 정치권은 6·13 지방선거로 바빠지기 시작하였다. 공식적인 선거야 5월 31일부터이지만 이미 예비후보등록이 시작됐고, 선거사무소 설치, 명함배부, 어깨띠 착용이 가능한 만큼 선거분위기가 점차 고조되는 것은 당연하다.

특히 기초자치단체이면서 광역시만큼 비중이 큰 수원, 청주, 창원, 용인, 성남, 천안, 목포 등은 더욱 열기가 뜨겁다. 현역 국회의원, 시·도지사의 출마여부와 그에 따른 사퇴시기도 관심거리. 경기도지사에 출마할 이재명 성남시장은 3월 15일까지는 사퇴할 것으로 보이며 남경필 경기지사는 조금 더 시간적 여유가 있어 보인다.

어쨌든 경기도는 물론 인천시 등 수도권은 여러 곳에서 뜨거운 빅매

치가 예상되고 있다. 그런데 어느 곳이나 여당은 인물 풍년을 이루는 것 같고 야권은 인물난을 겪는 곳이 많은 것 같다. 그렇다고 여당이 월등하게 앞서는 결과가 나타날까? 그것을 속단할 수 없는 것이 선거다.

과거 A군 군수출마자로 조직을 단단하게 관리해 온 사람이 있었다. 누구든 그가 무난히 공천도 받고 당선까지도 낙관했다. 예상한 대로 그는 공천을 받았는데 그 지역 재력가가 상대당 후보로 나오자 판이 흔들렸다. 어선도 몇 척을 소유하고 학교도 가지고 있는 등 자금력에서 게임이 되지 않았기 때문이다. 결국 투표 결과 조직이 든든한 후보가 아니라 자금력이 든든한 후보가 당선되었다. 돈이 조직을 이긴 것이다.

그렇다고 돈이 승리의 전부인가? 과거 충청권 어느 지역 시장선거에서 조직과 자금력 모두가 팽팽한 후보끼리 맞섰다. 능력이나 주민 여론도 막상막하여서 판세를 가늠하기 어려웠다. 그런데 막판에 자민련 바람이 불기 시작했다. '충청도에서는 막대기만 꽂아도 자민련이면 된다.'는 말이 밑바닥까지 퍼지기 시작했고 마침내 그 바람을 탄 자민련 후보가 당선됐다.

그러니까 조직을 이기는 자금력, 그 자금력을 이기는 바람…. 결국 바람이 최고의 무기인 셈이다. 지난해 대선에서 가장 큰 주목을 받았던 반기문(潘基文) 전 UN사무총장도 결국 바람을 일으키지 못해 낙마한 것이라 생각한다. 어쩌면, 그는 '대통령은 반기문'이라는 꽃가마가 자신을 기다리고 있으리라고 착각하여 귀국했을지도 모른다. 그동안 국내여론조사 1위가 그를 그렇게 환시 속으로 몰아넣었던 것은 아닐까.

그러나 귀국 1주일 만에 여론조사 1위는 문재인 민주당후보에게 내어주고, 점차 인기가 하락하자 당시 여권인 새누리당에서조차 황교안 국무총리를 대안으로 설정하는 것을 검토하는 등 당황하게 했다. 무엇이 반기문을 여론조사 1위에서 끌어내렸는가? 그는 대통령 출마를 포기한 배경을 '인격살인에 가까운 음해와 가짜뉴스, 기존 정치인들의 구태'를 지적하며 '남의 탓'으로 돌렸지만 가장 큰 이유는 '반기문 바람'을 일으키는데 실패한 때문이다. 한마디로 UN사무총장의 무게에 맞는 뜨거운 감동을 주지 못했던 것.

물론 그는 귀국하자마자 영남과 광주 5·18묘역, 팽목항, 평택의 천안함, 대구 서문시장 등 전국을 정신없이 누비고 다녔다. 그러나 방문하고, 악수하고, 명함 주고, 방명록 쓰고, 사진 찍고… 이것으로는 감동을 줄 수 없음을 그는 왜 몰랐을까? 바람은 감동에서 일어난다. 다가오는 지방선거 역시 감동의 바람을 일으키는 자가 승리할 것이다.

한국에 온 공자(孔子) 75대 종손

공자(孔子)의 75대 종손 공샹린(孔祥林) 교수를 지난주 유성에서의 한 학술대회에서 만나 대화를 나눌 수 있었음은 행운이었다.

그는 인상부터 초상화로 보아온 그의 75대 할아버지 공자를 연상케 할 정도로 비슷했고, 온화한 성품이었다. 특히 공자의 고향인 산둥성 곡부의 사범대학 교수로 근무하는 그는 공자묘를 비롯한 유네스코에 등재된 공자문화유산을 관리하고 선양하는 일에 몰두하고 있었다.

이번에 그가 한국에 온 이유 중의 가장 큰 목적도 어떻게 해서 한국이 세계에서 제일 많은 서원을 보유하고 있으며 중국과 달리 공자에 대한 제사가 계속되고 있는가를 직접 답사하는데 있다고 했다.

"한국 사람들의 공자님과 그 사상에 대해 아주 깊은 존경심을 갖고 있음을 아주 옛날 백제시대부터 알 수 있습니다. 백제 왕자 융(扶余隆)이 당나라 황제를 대신해 곡부에 가서 공자님께 제사를 올렸는데 그때의 축문이 지금까지 남아있다는 것이 그걸 증명하지 않습니까?" 그렇게 공샹린 교수는 한국에 유교사상이 오랜 뿌리를 두고 있는 것에 흡족해했다.

그러나 공자의 본거지 중국에서는 오히려 공자사상과 공자라는 인물 자체를 부정하는 위기를 맞은 때가 있었다. 1960년대 홍위병을 앞세운 문화혁명이 그것이다.

그들은 공자를 비롯한 맹자, 노자 등 중국이 낳은 세계적 선현들을 오히려 공산혁명의 적으로 간주하고 북경의 자금성, 곡부의 공자묘 등을 파괴하기도 했다. 그리하여 공자묘 파괴 임무를 띠고 현지에 도착한 것은 북경사범대학의 학생 홍위병.

그들이 정신없이 공자묘 파괴 작업을 벌이며 한창 붉은 깃발을 휘날리고 있을 때 중국의 국무총리 저우언라이(周恩來)로부터 긴급명령이 떨어졌다. 파괴를 멈추고 즉시 북경으로 귀환하라는 것. 만약 3일만 이 철수명령이 늦었더라면 2500년을 유지해 온 공자의 유적들은 완전히 훼손됐을 것이고 오늘날 유네스코 세계문화유산으로 등록되지 못했을 것이다.

그렇게 비뚤어진 이념의 광풍은 토네이도보다 더 무서운 파괴력을 갖는다. 하지만 이런 광풍도 잠재울 수 있는 것이 지도자의 힘, 바로 저우언라이가 그런 인물이다.

그는 중국의 모택동을 도와 공산정권을 세우는 공로를 세워 초대 국무총리가 되었다. 그러나 그는 권력의 포로가 되지 않았으며 특히 '저우언라이의 여섯 가지 없음의 원칙'은 깊이 음미할 가치가 있다.

즉, ①죽어서도 유골을 남기지 않는다. 실제로 그는 1976년 사망한 후 매장하지 않고 화장을 하여 황하에 뿌렸다. ②후손을 두지 않는다. ③권력자 행세를 하지 않는다. ④당파에 얽매이지 않는다. ⑤누구도 원망하지 않는다. ⑥죽을 때 유언을 남기지 않는다.

어쩌면 저우언라이의 이와 같은 원칙은 그 당시 공산당이 파괴의 대상으로 간주했던 공자사상에서 비롯됐는지 모른다. 사실 공자가 활동하던 시기가 중국 공산정권 수립 후의 상황과 비슷하여 백성은 가난과 굶주림에 시달렸고 제후들은 싸움으로 세월을 보내는 등 가장 불안정한 시대였는데, 이 때 공자가 가르친 것은 '인(仁)으로 다스리고 덕(德)으로 정치를 펴라'는 것이었으며 '천하가 한 집의 소유물이 아니다(天下爲公)'라는 것이었으니 말이다.

이처럼 아픈 고비를 겪은 중국이지만 지금 다시 공자문화원을 세계 각국에 설립하고 공자에 대해 열을 올리는 것은 무엇 때문일까? 이에 대해 공자의 75대 종손 공샹린 교수는 '이제 중국이 경제대국이 되어 가고 있기 때문'이라고 했다. 경제가 발전할수록 그들의 정신문화적 정체성이 필요해졌다는 뜻일까?

제3장

하노이의 코리아

설날, 가수 현숙을 생각하는 것은…

몇 해 전 세종시에서 치매를 앓는 시어머니와 며느리가 동반 자살한 사건이 있었다. 발단은 설 명절을 맞아 가족들이 모두 모인데서 시작됐다. 며느리가 먼저 입을 열었다.

"나는 맏며느리로서 어머니를 모시는 것은 당연하다. 그러나 벌써 몇 년째 나 혼자 어머니를 간병하는데 지쳤다. 그러니 형제간에 돌아가면서 모시도록 하자. 그것이 어려우면 요양병원에 보내고 그 비용을 형제간에 나누어 부담하자."

그러나 모두들 고개를 흔들었다. 요양병원에 보내는 것도 반대였다. 이에 실망한 맏며느리는 치매를 앓는 시어머니를 데리고 동네 저수지로 가서 몸을 던졌다.

사실 이 며느리의 경우뿐 아니라 100세 시대라는 고령화 사회가 되면서 이와 같은 속앓이를 하는 가정이 많다. 병약한 노인을 돌봐야 하지만 가족이 뿔뿔이 나가 일을 해야 하는 이 치열한 경쟁사회에서는 매우 힘든 일이다.

따라서 효(孝)의 개념도 변할 수밖에 없다. 공양미 300석에 몸을 팔아 아버지 심봉사의 눈을 뜨게 한 효녀 심청이의 이야기, 부모가 죽으면 묘 옆에 움집을 짓고 3년 동안 시묘(侍墓)살이를 하던 우리 조상들, 그러나 오늘 이 세대들에게 얼마나 설득력이 있을까?

물론 우리의 전통 효사상은 문명사적으로 크게 존경을 받고 있으며 역사학계의 태두 아놀드 토인비는 '죽을 때까지 가지고 갈 것을 묻는다면 효의 정신이 흐르는 한국의 가족제도' 라고 극찬한 바 있다. 따라서 우리의 효사상은 기본적인 개념은 변함이 없어야겠지만, 시대에 맞는 날개를 달면 더욱 아름다운 가치를 발하지 않을까?

가수 현숙의 이야기가 그 대표적인 케이스. 본명 정현숙은 너무나 잘 알려진 효녀가수다. 7년간 치매에 걸린 아버지와 중풍에 걸린 어머니를 14년간 돌봐 드리면서 백혈병 어린이 8천명 이상에게 매년 1억 6천 200만원을 기부한 '기부천사'다.

특히 그의 선행에서 지적하고 싶은 것은 13년째 노인들에게 목욕봉사를 하고 있는 것. 즉 경북 청송에서부터 울릉도에 이르기까지, 전국 13곳에 대당 4천만원하는 목욕차량을 전달하고 있는 것이다. 정말 이처럼 아름다운 선행이 어디에 있을까?

자기의 부모님이 아니면서도 노인들에게 봉사하는 것, 이것이 우리의 전통적인 효사상에 기초하여 날개를 달자는 것이다. 이와 같은 사회 구성원들의 효행이 시스템화하고 다시 정부의 복지정책과 연결된다면 우리는 참으로 아름다운 효의 나라를 이룰 것이다.

가수 현숙은 자신이 이처럼 노인들에게 봉사하고 있는데 대하여 단 한마디로 이렇게 말한 바 있다.

"부모님이 없었다면 내가 없었겠죠."

평범하고 단순한 말이지만 참으로 진솔하고 깊은 뜻을 가지고 있는 말이다. 올해도 어김없이 설날이 찾아왔고 귀성행렬은 끝이 없다. 국민의 70% 상당, 그러니까 2천 700만 명이 이동을 할 것으로 보인다.

실향민들은 임진각을 찾아 두고 온 북녘땅을 향해 절을 올릴 것이고, 이렇게 명절은 우리의 혈육을 확인하고 뜨거움을 느끼게 한다. 아름다운 명절, 부모의 주름진 손을 잡고 못 다한 효를 생각하면 더 좋겠다.

참새와 망둥어

어릴 때 농촌에서 참새잡기를 즐겨했었다. 마당에다 곡식이나 흙을 담아 나르는 삼태기를 세워 놓고 그 밑에 쌀을 한줌 뿌려 놓는다. 그러면 얼마 안 있어 참새들이 날아와 삼태기 밑의 쌀을 주워 먹느라 정신이 없다. 이때 재빨리 삼태기를 받치고 있던 막대기의 끈을 잡아당기면 두세 마리는 그 안에 갇히고 만다.

그런데 또 삼태기를 세워 놓으면 죽어라 도망갔던 참새들이 다시 모인다. 제 목숨을 앗아갈 삼태기인데, 그리고 그 위기를 겪었는데도 참새들은 다시 모인다. 어린 나이였지만 참새들의 그 건망증이 참 이상스럽게 느껴졌다. 참새의 기억력은 3초만 지나면 망각된다는 속설이 사실일까?

바닷가에 사는 사람들은 참새보다 망둥이(망둥어)가 더 건망증이 심하다고 말한다. 망둥어를 낚시할 때 놓치는 경우가 많다. 낚시의 미끼를 물었다가 몸부림쳐 살아 도망친 망둥이지만 다시 낚시를 던지면 입에 피를 흘리면서 또 미끼를 문다는 것이다. 참으로 지독한 건망증이다.

그러면 인간의 기억력은 얼마나 될까? 독일의 실험 심리학자로 유명한 헤르만 에빙하우스에 의하면 인간 역시 '망각의 동물'인 것 같다. 그에 의하면 학습으로 얻어진 100%의 정보량이 1시간에 50% 망각되기 시작하여 9시간 안에 급격히 망각되다가 하루 70%, 한 달 80% 등 망각곡선이 서서히 내려간다고 한다. 이것마저 완전히 무너지면 치매 현상이 나타난다.

얼마 전 한 대학교수가 쓴 글이 생각난다. 시골에 계신 노모를 찾아뵈러 가면 처음에는 얼른 알아보고 "우리 아들 왔구나!"하고 반가워한다는 것이다. 그런데 조금 지나면 아들에게 "누구세요?"하며 딴 소리를 하는 바람에 억장이 무너져 왈칵 눈물을 흘리고 말았다는 것. 물론 우리가 모든 것을 잊지 않고 생생히 기억한다면 이 또한 비극일 것이다. 적당한 망각은 오히려 정신건강에도 좋다.

그러나 우리나라 사람은 너무 빨리 뜨거워지고 너무 빨리 식어버리는 소위 '냄비 기질' 때문에 망각 증세가 심하다는 소리를 듣는다. 가령 호주 오픈 남자 단식 테니스대회에서 정현 선수가 한국 최초의 메이저대회 4강에 진출, 국민들을 열광케 했는데 밀양 세종병원 화재참사사건이 발생하자 순식간에 그 열기가 뒤로 밀렸다.

이렇듯 집단망각에는 으레 대형사건의 충격이 촉매 역할을 한다. 지난 12월 인천 영흥도 낚싯배 침몰사고로 15명이 사망하자 모두들 경악했다. 그러면서 인재(人災)에 의한 안전 불감증을 개탄했는데 며칠도 못 가서 충북 제천 스포츠센터 화재로 29명의 희생자가 나자 영흥도 낚싯배 사고는 기억의 뒤로 밀려났고, 다시 밀양 세종병원 화재가 발생하니 우리의 망각증은 쓰나미 현상을 일으킬 수밖에 없다.

'안전 불감증'이 그래서 무서운 것이다. 제천 스포츠센터 화재사건 후 제대로 시설을 점검하고 경각심을 가졌더라면 밀양 세종병원 참사는 발생하지 않았을 것이다. 더욱 어처구니없는 것은 밀양 화재사건 이후에도 계속 비슷한 이유로 크고 작은 화재사건이 발생하고 있는 것이다.

어디 화재사건 뿐이겠는가. 모든 면에서 우리는 참새가 되고 망둥이가 되고 있지 않은가.

평창올림픽의 주인과 객

몇 년 전 인삼으로 유명한 지방에서 가을축제를 열었다. 인삼의 판매를 촉진시키고 홍보하는 목적에서 많은 예산을 투입했고, 전국적으로 인기 있는 가수들도 초청했다. 특히 '인삼아가씨, 뽑기가 큰 인기를 끌었다.

이렇게 축제를 하다 보니 사람들은 인삼 전시장보다는 인기 있는 가수들이 노래하는 공연장이나 늘씬한 몸매를 자랑하는 미인대회에 뜨거운 관심을 갖는 쏠림 현상이 일어났다.

축제행사가 끝나고 결산을 하니까 사람들은 많이 왔으나 행사수입은 적자로 나타났다. 인삼축제가 '인삼'이 아니라 '가요열전'이나 '미인대회'가 주인이 되어 버렸기 때문. 이런 현상을 옛날부터 객반위주(客反爲主)라고 했다. 손님이 반대로 주인 노릇을 한다는 것이다.

이번 남북 고위급회담에서 북한의 평창동계올림픽 참가가 합의된 날부터 우리는 '평창 올림픽'의 내용보다 북한의 모란봉 악단이 참여할 것인가, 응원단 규모는 얼마나 될 것인가, 모란봉 악단의 현송월 핸드백이 얼마짜리인지 등등 주제가 실종되는 것은 아닌지 참으로 걱정이다.

북한 체제선전의 기수 역할을 하는 모란봉악단은 2015년 12월 12일, 중국 북경에서 공연시작 불과 3시간을 앞두고 북한으로 되돌아간 사건으로 유명하다. 왜 그런 돌발행동이 일어났을까?

핵미사일의 성공, 핵강국 등 무대의 배경화면에 대해 중국 측에서 삭제를 요구했고 이에 반발한 모란봉악단이 즉각 철수를 결행했다는 것이 지금까지 알려진 내용.

물론 남북 실무회담에서 모란봉악단이 아닌 삼지연관현악단으로 바뀌고 '자나 깨나 원수님 생각' 같은 김정은 우상화 노래는 않겠으며 세계적 명곡과 통일 분위기에 맞는 노래를 하기로 했다지만 그대로 믿을 수 있을까? 가령 노래 가사 중에 '어버이 사랑' 하면 우리는 부모를 생각하는 말이지만 북한에서는 김정일, 김정은을 일컫는다.

배경화면은 또 어떤 것이 숨겨져 있을까? 정말 곳곳에 지뢰가 있을 수 있다. 입장식 때 한반도기도 생각해 봐야 한다. 우리가 생각하는 한반도기와 북한이 내세우는 한반도기는 그 개념이 다르기 때문이다.

도대체 20명도 안 되는 선수단에 140명의 예술단, 그리고 태권도 시범단 등등 무엇이 주(主)고, 무엇이 객(客)인지 모르겠다. 우리가 북한

선전무대를 위해 긴 시간 돈과 노력을 쏟을 건 아닌데 정말 걱정이다.

응원단도 그렇다. 우리 언론에서 그들 응원단을 '미녀 응원단' 이라고 부르는 것에서 보듯 우리는 지나치게 관심을 쏟고 있고 방송에서는 연일 그들의 과거 응원 모습, 특히 용모에 포커스를 맞추는 것도 그렇다. 더욱이 이들 응원단의 구호에 정치적 북한 슬로건이 등장한다면 어떻게 할 것인가?

2003년 대구유니버시아드대회 때도 그들 응원단이 왔었는데 김정일 초상화가 인쇄된 플래카드가 비에 젖는 걸 보고 눈물을 펑펑 쏟던 그들이 아닌가? 그런 그들이 또 어떤 해프닝을 보일지 우리는 어떻게 대응해야 할지 역시 걱정이 앞선다.

분명 북한의 출전과 응원단, 예술단이 평창에 오는 것은 한반도의 평화 분위기 조성과 동계올림픽을 위해 긍정적인 면이 많다. 그러나 이와 같은 문제성 있는 것은 사전준비회의에서 걸러내야 할 것이다. 그래야 주인도, 객도, 모두 화합하는 아름다운 평창올림픽이 될 것이며 한반도 평화 정착에 크게 기여할 것이다. 또한 꼭 그렇게 돼야 한다.

중국이 군침 삼키는 '격렬비열도'

중국에서 밤에 개짖는 소리가 들린다는 곳. 그렇게 중국 산동성과 가까운 곳이 격렬비열도(格列飛列島)다. 여기에서 중국 산동반도까지는 268km, 우리나라 태안반도까지는 55km, 배로 2시간 거리다.

이름이 '격렬비열도'인 것은 멀리서 보면 기러기가 날아가는 모양 같다고 붙여진 것. 또 다른 이름은 '서해의 독도'다. 독도가 일본을 향해 서있는 동해 최후의 영토이듯 격렬비열도는 중국을 향해 서 있는 서해의 마지막 영토라는 데서 붙여진 이름.

그래서 2년 전 8·15광복절을 맞아 충남의 태안군수와 '독도사랑 운동본부' 회원 20여 명이 격렬비열도의 돌을 들고 독도를 향해 자전거 국토대장정 행사를 벌였다. 그리고 마지막 날 '서해의 독도'라는 격렬비열도에서 가져온 돌을 울릉군수에 전달, 독도에 세우며 조국 영토수호의 의지를 다짐했었다.

최근 들어 이처럼 무인도에 불과한 섬에 관심을 갖게 된 것은 중국 때문이다. 3년 전, 중국은 격렬비열도 섬 3개 중 중국쪽 끝에 있는 섬을 매입하려고 브로커를 통해 공작을 벌인 것이다.

잠실운동장의 반도 안 되는 섬을 몇 십억까지 오고 가다 16억에 홍정이 되었는데 마지막 단계에서 우리측 섬 주인이 거부해 성사되지 못했다. 3개의 섬으로 된 격렬비열도는 1개만 국유재산이고 나머지 2개 섬은 사유지이기 때문에 매매가 가능했던 것.

그러면 중국은 이 작은 섬에 왜 욕심을 냈을까. 그 해답은 지금도 중국 어선의 불법조업 70% 상당이 격렬비열도 인근해역에서 자행되고 있다는 데서 찾을 수 있을 것이다. 밤이면 인근해역의 고깃배들이 켜 놓은 불빛으로 불야성을 이룰 만큼 우럭, 꽃게, 민어, 병어 등이 많이 잡히고 있어 '물고기의 천국'이라고 불린다. 그러니까 중국이 이 섬을 하나라도 매입하게 되면 이 구역을 '분쟁지역화'시키는 것은 물론이고 제2의 독도화로 만들 속셈인 것이다.

우리 정부는 뒤늦게나마 이 섬들을 '외국인토지법에 따른 토지거래 허가구역'으로 지정을 해서 중국의 매입을 사전에 봉쇄해 놓은 상태이지만 한국인을 대리인으로 내세워 양식장을 하겠다는 등 꼼수를 써 매입할 가능성도 경계해야 할 것이다.

세계 최대 수산 소비국인 중국은 지금 우리 서해에 대해 욕심을 날로 키워가고 있는 실정이기 때문에 가장 확실한 것은 우리 정부가 사유지로 되어 있는 격렬비열도를 완전히 매입하는 것이다. 물론 그동안 정부에서 매입을 위한 감정을 하는 듯 의지를 보이기도 했으나 아직 결론을 못 내린 상태.

정말 중국의 불법어로가 날로 기승을 부리고 그 양상도 점차 난폭해지는 만큼 격렬비열도의 영토적 중요성과 함께 보안시설도 강화할 필요가 있다.

중국의 불법어선은 이제 규모면에서 몇 십 척으로 선단을 형성하고 있는 추세이며, '들키면 도주한다'는 것이 아니라 이제는 한국 해경과 부딪히며 싸운다는 자세로 나오기 때문에 더욱 경각심을 높여야 한다.

그 대표적인 것이 2016년 10월에 있었던 우리 해경 고속단정 2척을 침몰시킨 사건이다. 그만큼 중국 불법어선단은 40여 척이나 새까맣게 몰려와 우리 해경을 포위하고 쇠 파이프 등으로 마구 덤벼들면 우리는 꼼짝없이 당하게 되는 것이다. 심지어 그들은 우리 어부들이 잡은 고기까지도 강탈해 가는 현실이니 바짝 긴장할 수밖에 없다.

'중국 산동반도에서 개짖는 소리가 들린다.'는 격렬비열도. 우리 '서해의 독도'에 대한 소중함이 더욱 높아지고 있다.

'누가 시(市) · 도지사(道知事)감이오?' 물으면

6월 지방선거에서 누가 서울시장에 유력할까? 누가 경기도지사에 유력할까? 선거가 가까워지자 유권자의 관심도 높아지고 있으며 여론조사기관에서도 경쟁적으로 조사결과를 발표하고 있다.

경기도지사 선거에서는 남경필 현 지사와 이재명 성남시장, 심상정 정의당 의원의 대결 구도를 가상한 여론조사가 많고, 서울시장의 경우는 역시 현 박원순 시장과 한국당의 황교안 전 국무총리, 나경원 의원, 안철수 국민의당 대표, 유승민 바른정당 대표 등의 대결을 가상하여 여론조사를 실시하고 있다.

부산시장은 현 서병수 시장(한국당)에 민주당에서는 오거돈, 김영춘 전 · 현 해수부장관 그리고 국민의당 안철수 대표의 구도로 여론조사를 하기도 한다. 앞에 열거한 지역에서는 대체적으로 여당인 민주당 후보 예상자가 앞서는 것으로 되어 있다.

그런데 여론조사에는 조심스러운 면이 있다.

첫째는 응답률이다. 많은 여론조사가 응답률에서 10%대를 넘기 어렵다는 것이다. 가령 A여론조사기관에서 1천명에게 전화를 했다면 700명 정도는 이런저런 사유로 통화를 하지 못했고, 통화를 한 300명도 모두 대답을 하지 않았으며 100명만 대답을 했다고 하자. 그러면 실제 응답률은 10%에 불과하다. 이 100명 중 52명이 지지를 했다면 52%의 지지율로 발표되지만 실제로는 1천명 중 52명이 지지를 했다는 뜻이다.

이렇듯 1천명을 대상으로 한 여론조사에서 100명만 대답을 했는데 이것을 진정 유권자의 뜻으로 받아들일 수 있을까? 사실 언론에서 이와 같은 여론조사를 발표할 때는 응답률을 꼭 밝혀야 하는데 그렇지 않은 경우가 많다.

두 번째는 어떻게 질문을 하느냐 하는 것이다. 예를 들어 지난 2002년 노무현 · 정몽준 두 후보의 대통령 후보 단일화를 위한 여론조사에서 당초 이회창 후보에 대항할 후보를 묻는 것으로 합의했는데 '대항할…'이 '경쟁할…'로 바뀜으로써, 정 후보가 불리했다고 그의 지지자들이 '무효'를 주장하며 농성을 벌인 일이 있다. 크게 보아 같은 것이지만 이렇듯 글자 하나하나가 민감한 것이 여론조사다.

또한 어린이에게 '엄마가 좋으냐, 아빠가 좋으냐?'하는 것과 '아빠가 좋으냐, 엄마가 좋으냐?'하는 질문의 경우도 결과가 많이 달라진다는 것이다. 말할 것도 없이 먼저 말한 쪽이 유리하다.

세 번째는 여론조사기관 종사자들의 숙련도와 객관성이다. 경상도 사투리를 쓰는 사람, 호남 사투리를 쓰는 사람에 따라 대답도 영향을 받을 수 있기 때문에 표준어를 써야 하며, 어느 부분에 특별히 악센트를 가하지 말고 물 흐르듯 차분한 목소리로 질문을 해야 한다.

미국에서도 질문자가 흑인인지, 백인인지에 따라 결과에 영향을 준다고 한다. 가령 흑인이 '인종차별'에 대한 여론조사를 하는 것과 백인이 하는 것과 차이가 있다는 것이다. 또 미국에서는 전화번호부에서 대상자를 찾아 전화를 걸었을 때, 통화 중이거나 받지 않으면 몇 번 더 시도를 하고 일주일 정도의 여유를 갖고 샘플을 뽑아 전화를 한다고 한다.

그런데 우리의 여론조사기관 중에는 조사를 너무 급박하게 실시하는가 하면 비용과 시간에 쫓겨 통화에 실패하면 바로 다음 버튼을 누르는 경우도 있다는 것이다. 그러니 이런 기관에서의 조사를 얼마나 믿어야 할까? 더 큰 문제는 후보자가 사이비 언론기관 등을 이용하여 여론조사를 조작하는 것. 또 선거에 임박하면 '가짜뉴스'가 특정후보를 부각시키거나 떨어뜨리는 여론조사를 발표하는 것이다.

정말 선거가 가까워지면서 '여론조사'가 얼마큼 위력을 발휘할지 모르지만 가장 중요한 것은 여론조사는 여론조사이고 진정성을 갖고 유권자들의 가슴을 파고드는 것이 아닐까?

"올해는 울지 않게 하소서!"

충청도 사람들은 잘 웃지 않는 것으로 유명하다. 오죽하면 "전국에서 제일 늦게 웃는 사람들" 또는 "충청도 사람이 웃어야 다 웃는다"는 말이 생겼을까? 이렇게 된 이유를 충청도 양반기질로 돌리기도 한다. 그런데 이해할 수 없다는 것은 충청도 출신 코미디언이 우리나라 코미디언의 40%를 차지한다는 것.

충청도 인구가 전국의 7.3%인데 비해 코미디언은 40%가 넘는다면 정말 특이한 현상이다. 원로급인 자니윤, 최양락, 임하룡, 김학래, 황기순, 최병서, 이영자, 남희석부터 서경석, 신동엽, 그리고 몇 해 전 신인으로 인기를 모았던 장동민까지…, 일일이 셀 수가 없을 정도다. 특히 최병서의 역대 대통령 말솜씨 흉내 내기는 아직까지 누구도 추월할 수 없는 존재다.

그런데 이들 코미디언들 중에는 방송국 MC로 빠져 나가는 경우를 제외하고는 웃음 시장이 넓지가 않아 힘들어 하는 사람이 많다. 겨우 할 수 있는 것은 방송인데 코미디 프로가 한정돼 있어 활동하기가 녹록치 않다는 것이다.

기존의 코미디 프로도 자꾸만 시청률이 떨어져 이를 높이기 위해 안간힘을 쏟지만 "그 나물에 그 밥"이라는 혹평을 받기 일쑤다. 하지만 아무리 좋은 소재를 무대 위에 올려놓아도 시청자들은 잘 웃지 않는다. 왜 이렇게 웃음에 인색한 것일까?

사실 외국 TV 코미디 프로의 내용을 보면 별로 웃기는 것도 아닌데 파안대소한다. 물론 그들과의 문화적 차이가 있겠지만 그러다 보니 우리는 억지로 웃기기 위해 손짓, 몸짓, 오버 액션이 오히려 TV 채널을 돌리게 만든다.

그래서 코미디 프로 PD가 제일 스트레스를 받을 것 같다. 하지만 눈물샘을 자극하는 프로는 언제나 인기다. 연속극도 매우 비현실적인 환경을 설정해 놓아도, 현대판 '장화 홍련'식 스토리를 전개하여 눈물샘을 자극해야 시청률이 오른다.

우리 역사가 외침과 가난에 너무 많이 시달려 온 탓일까? 웃음보다 눈물에 익숙하다. 참으로 우리는 그동안 너무 많이 울었다.

최근에는 충북 제천 스포츠센터 화재로 29명의 목숨을 앗아간 대형 참사 앞에 많이들 울었다. 불길 속에 갇혀 있는 가족의 이름을 부르며 울부짖는 유가족들, 그 울음은 우리 국민 누구나 당할 수 있다는 공포로 더욱 가슴을 조이는 것이었다. 그들은 현장에 온 대통령앞에서도 울면서 외쳤다. "왜? 2층 유리창을 깨지 않았는가?" 정말 너무 억장이 무너지는 울부짖음이었다.

"왜? 우리 해경은 침몰하는 배 안에 뛰어 들지 않았는가?" 2014년 4월 16일 300여 명의 생명을 앗아간 세월호를 향해 유가족들은 소리치며 울었다. 지금도 그 눈물은 마르지 않고 있다.

제천 스포츠센터 참사가 발생하기 불과 19일전에는 인천 영흥도 해상에서 낚시배 추돌사고가 발생, 15명이 목숨을 잃었다. 그때도 "왜? 해경의 구조에서 골든타임을 놓쳤는가"하며 발을 동동 굴렀다.

정말 우리에게 건망증이 있어 그렇게 헤아릴 수 없이 많은 참사가 있었고, 그 때마다 '인재'라며 다시는 이런 일이 재발하지 않겠노라고 했다. 하지만 사고는 또 계속됐고, 많은 사람들은 그 때마다 울부짖었다. 그래서 우리는 웃음보다 눈물에 익숙한 국민이 되었다.

"神이시여, 올해는 이 땅에 눈물이 없게 하소서!"

한국 칼국숫집까지 등장한 하노이

문재인 대통령은 지난달 베트남의 '호찌민 · 경주 세계문화엑스포'에 보낸 영상축전에서 우리가 과거 베트남전에 참전한 것을 비추어 '마음의 빚'을 지고 있다고 했다.

사실 베트남을 찾는 한국인이라면 그런 과거를 한 번쯤은 되씹었을 것이다. 그런데 중요한 것은 지금이다. 우리는 그들을 미워하지 않고 있으며 그들도 우리에게 매우 우호적이라는 사실. 얼핏 이해하기 힘들지만 두 나라 정부도 그렇고 국민들도 매우 선의적이다.

거의 하루에 1개의 한국공장이 베트남에 들어서고 있다고 할 만큼 우리 기업의 진출이 활발하고, 한국에 시집 온 베트남 여성은 4만 2천명을 넘는 것이 그것을 말해준다. 거리에는 한국 자동차가 즐비하다. 택시와 버스는 거의가 한국산이라고 해도 과언이 아니다.

베트남의 수도 하노이에는 코리아타운이 생겨날 정도로 백화점과 슈퍼 어디든 한국 상품이 눈에 띄게 많을 뿐 아니라 한국 음식점이 성업을 이루는 걸 보면 친근감이 든다. 특히 한국 특유의 칼국숫집, 설렁탕, 해장국, 떡볶이까지 등장했으니 어쩌면 베트남이 우리와 전쟁을 했다는 생각이 믿어지지 않는다.

이에 대해 내가 하노이에서 만난 베트남 대학생은 "우리가 과거의 덫에서 발이 묶이면 미래를 잃습니다. 미래가 더 소중하죠."라고 말했다. 그렇다. 그들은 '미래'라는 단어를 많이 쓰고 있고, 미래를 위해 한국과의 동반관계가 매우 중요하다고 믿는 것이다. 정말 그들은 과거 전쟁의 상처를 벗어나 미래를 위해 뜨겁게 달리고 있다.

이번에 하노이에 갔을 때 불과 5년 전의 하노이는 아니라는 인상을 강하게 받았다. 지금도 거리에는 오토바이가 강물처럼 넘치지만 5년 전과는 눈에 띄게 그 숫자가 줄고, 그 대신 자동차, 특히 승용차가 부쩍 늘었다.

가는 데마다 고층 빌딩 신축공사가 이루어지고 있으며, 공항과 항구에는 수출물량을 적재한 컨테이너가 빼곡히 쌓여있다. 하노이에서 세계적 관광지 하롱베이로 가는 길 양쪽에 흔히 볼 수 있는 것은 벽돌공장, 레미콘공장 등 건설자재를 생산하는 시설이다. 전에는 이런 것은 보기 힘든 것이었다.

무엇보다 주목할 것은 베트남의 석유자원이다. 아시아 6대 석유생산국인 베트남은 매장량이 47억t으로 미래 베트남 경제의 원동력이 되어 줄 것으로 기대하고 있다. 그 밖에도 주요 지하자원 광산을 5천개나 갖고 있는 자원부국. 그래서 10년 전 1인당 국민소득이 715달러에 불과했으나 지금은 2천 164달러로 3배가 불어났는데 이처럼 빠른 성장은 석유 같은 자원이 큰 역할을 하고 있다.

전문가들 사이에서는 언젠가 베트남이 한국을 추월해 오는 강력한 라이벌이 될지 모른다고 말한다. 그런 근거로 앞에 말한 자원 외에 국민의 60%가 30대 젊은이들이라는 것을 꼽는다.

베트남은 전쟁 후 일어난 '베이비붐'에 더불어 인구증가책을 강력히 추진했기 때문에 7천만 베트남 인구의 두꺼운 벽을 젊은이들이 차지하고 있는 것. 고령화 사회에 진입하고, 우리나라가 인구감소, 특히 젊은이의 벽이 자꾸만 얇아지는 것과는 대조적이다.

마지막으로 그들도 한국인처럼 부지런한 국민성과 억척스럽게 일에 매달리는 근성을 꼽는다. 그 근성 때문에 몽고침략을 물리쳤고 프랑스도 이겼으며 최근에는 미국도 이겼다는 것이다. 이 근성과 자원이 무섭게 돌진하면 언젠가 한국도 추월할 수 있다는 가설.

어쩌면 '토끼와 거북이'의 경주가 될지 모른다. 정말 우리는 지금 토끼가 되고 있는 것 같다.

하노이의 코리아 – 빛과 그림자

지난 주 필자가 베트남 수도 하노이에 머무르면서 그 땅에 남겨진 한국의 '빛과 그림자'가 너무도 강한 것에 놀라움을 금할 수 없었다.

첫 번째 그림자는 대우그룹이 해체된 지 10년이 넘었지만 아직도 이곳에서는 해체를 실감하지 못할 정도로 그 존재가 살아있는 김우중 전 회장. 그가 지은 대우호텔은 하노이 중심에 자리 잡은 18층 높이의 5성급 고급호텔인데 소유주가 바뀌었으나 지금도 '대우'라는 이름은 그대로 살아 있다.

특히 후진타오 전 중국 국가주석, 푸틴 러시아대통령, 이명박 전대통령 등 베트남을 방문하는 외국 국가 원수들의 단골 숙소가 되어 그 유명세를 더한다.

김우중 회장이 머물고 있는 곳으로 알려진 하노이 인근 고급 골프장은 그의 아들 이름으로 되어 있지만 18조원이 넘는 추징금을 못내고 있는데도 은닉자금으로 이런 호화 골프장을 갖고 있는 것 아니냐는 의혹을 받고 있다.

그러나 한국에서의 이와 같은 논란에도 하노이에서의 김우중 그림자는 여전하다. 이 그림자 때문에 그는 서울보다 하노이를 은거지로 택한 것일까?

또 하나, 하노이를 넓게 차지하고 있는 한국의 그림자는 '랜드마크72'라는 경남기업이 지은 베트남 전체에서 가장 높은 72층 빌딩.(현재 81층 초고층빌딩이 건축중이지만)

거기에는 비극적으로 생을 마감한 성완종이라는 인물이 있다. 1조원에 이르는 건축비, 서울 63빌딩의 3.5배가 넘는 크기…. 하지만 성완종 경남기업회장은 너무나 무모하게 시작한 '랜드마크72'가 금융위기에다 검찰수사에서 헤어나질 못한 채 2015년 스스로 목숨을 끊었다. 그때 그가 남긴 쪽지에 적힌 돈 준 정치인들의 명단, 소위 '성완종리스트'는 정가에 회오리바람을 일으켰고 아직도 그 후폭풍은 완전히 깨지지 않은 상태.

이런 비극적 상처를 입고 있는 '랜드마크72'는 주인이 바뀌었음에도 언제 그런 일이 있었냐는 듯, 성황을 이루고 있다. 5성급 호텔이 들어서 있고, 1~48층은 한국 상사들을 비롯, 외국기업체 사무실로 가득 채워져 있다.

특히 2013년에는 박근혜 전 대통령이 한복과 베트남 전통의 아오자

이 패션쇼에 등장, 논란이 됐던 5층의 컨벤션홀은 각종 이벤트가 이어지고 있다. 그러나 '빛'을 발하는 한국기업도 있고, 그 가능성을 더하고 있는 기업도 있어 다행이다.

월 600만대의 휴대폰을 생산하고 있는 삼성전자 현지공장(SEV)과 지난해 베트남 사람들에게 초코파이 돌풍을 일으켜 2천억 원의 매출을 올린 오리온제과 그리고 베트남에 새로운 바람을 일으키고 있는 알루코 그룹의 현지공장(현대알루미늄비나)가 대표적인 케이스.

특히 새롭게 떠오르는 글로벌기업으로 주목받는 알루코는 고용인원이 5천명이나 되는데다 TV테두리, 휴대폰케이스 등 고부가가치의 압출 생산량을 현재의 8만 6천t에서 11만 3천t 증가할 것으로 보여 국내 최고는 물론 세계적으로도 알루미늄 제품의 정상을 달리는 기업.

알루코가 베트남에서 환영을 받고 있는 것은 한국으로 시집 온 베트남 여성들의 고향방문 지원, 난치병으로 고통 받는 베트남인들을 한국의 유명 병원에 보내 치료케 하는 것, 특히 아직은 한국처럼 뜨겁지 않은 야구에 대한 붐을 일으키고 있는 것 등이 베트남 사람들의 가슴에 파고들었기 때문이다.

지난 주 우리의 선동열 국가대표 야구감독 등 다수의 야구인들이 하노이에 왔는데 마침 벌어지고 있는 '제2회 베트남 하노이 알루코 주니어 야구대회'를 격려했다.

이렇게 알루코는 야구를 통해서도 현지인들과의 또 다른 기업문화를 만들어 가고 있는 것이다. 이런 뜻에서 해외에서의 우리 기업은 국가를 대표하는 외교관이며 '경제대사(經濟大使)'가 아닐까?

하노이를 떠나면서 자꾸만 그런 생각을 했다.

지방자치의 또 다른 위기

신혼여행지로 인기가 높은 몰디브는 남부 인도양 중북부에 위치한 참으로 아름답고 깨끗한 섬이다. 그러나 앞으로 50년 후면 신혼여행은 고사하고 지도상에서 '몰디브'라는 이름마저 사라질 것으로 전망하고 있다. 지구 온난화로 해수면이 높아지기 때문이다.

몰디브뿐 아니라 남태평양의 투발루공화국 역시 9개 섬 가운데 이미 2개 섬이 물속에 잠겼으며 1만명 주민들은 탈출을 서두르고 있다. 그러나 바다의 섬만이 아니라 육지의 도시들도 지도상에서 존폐의 기로를 헤매고 있다.

너무 잘 알려진 사실이지만 세계에서 가장 실패한 도시로 미국 디트로이트, 그리고 일본의 유바리시를 꼽는다. 우리나라에서도 강원도 태백시가 유사한 몸살을 앓고 있다.

미국 역사상 도시가 파산선고를 받은 유일한 디트로이트는 한때 자동차산업의 메카로 번영을 누렸다. 물론 미국 자동차 산업이 다시 살아나면서 디트로이트도 기지개를 켜고 있지만….

일본의 유바리시 역시 국제영화제가 열리고 선심성 이벤트로 이름을 떨친 도시였다. 그런데 지금은 어떤가? 거리의 가로등 불은 꺼지고 공공서비스는 대폭 축소되었으며 연금까지 제대로 지급을 못해 피켓을 든 시위대가 시청 앞에서 구호를 외치고 있다.

17개이던 초·중·고교가 3개로 줄었으며 263명의 시청 공무원은 97명. 그리고 사무실에 난방이 안되어 공무원들이 방한 스키복을 입고 근무를 한다. 그럴 수밖에 없는 것이 11만 6천명이던 인구가 900명으로 줄었기 때문이다.

두 도시의 운명이 이렇게 바뀐 것은 그동안 명맥을 유지해 주던 도시의 부가자원이 쇠퇴했기 때문이다. 자동차산업과 석탄산업의 지형이 바뀐 것이다.

우리의 태백시도 폐광이 늘어나면서 인구가 계속 줄어, 현재는 시로서 갖추어야 할 인구 5만이 무너져 가까스로 4만명을 웃돌고 있다. 디트로이트, 유바리, 태백시만 걱정할 일이 아니다.

현재 우리 226개 지방자치, 즉 시·군 가운데 자체수입으로 소속 공무원들의 봉급을 못 주는 곳이 70여 곳에 이르고 경상남도를 제외한 나머지 지자체는 1년 예산의 10~30%를 부채가 차지할 만큼 재정이 열악하다.

만약 20년 안에 중앙정부의 대책과 지원이 없으면 30% 상당의 지자체는 파산상태에 들어가고 3천개의 읍 · 면 · 동 가운데 1천여 곳이 쇠퇴위기를 맞을 것이라는 언론 보도도 나왔다.

2040년에는 전남 고흥군의 인구는 0명이 될 것이며 2050년에는 경남 하동을 비롯 몇몇 지자체가 존립의 위기에 직면할 것이라는 논문도 발표되었다.

국회 국토교통위원회 소속 박덕흠 의원과 건국대 유종선 교수가 공동 발간한 '지방 소멸 현황과 대처방안'에 의하면 충북도내 11개 시 · 군 가운데 5개군과 88개 읍 · 면 · 동이 소멸될 위기에 있다고 경고했다.

충북만이 아니다. 충남연구원 발표에 따르면 논산, 보령, 금산, 예산, 태안, 부여, 청양, 서천 등 8개 지역이 '소멸 위험' 단계에 진입했다는 것이다.

인구는 계속 감소하고 고령화 현상은 빠르게 진행되는 것과 함께 지방자치의 재정자립도는 퇴보하는 오늘의 이 현상은 정말 우리 지방자치의 심각한 위기가 될 수 있다.

따라서 아이를 낳으면 얼마큼의 보조금을 준다든지, 뿌리를 내리지 못하는 얄팍한 이벤트를 가지고 지역성장의 비책이나 되는 듯 제시하는 것으로는 한계가 있다.

또한 이 기회에 통폐합을 비롯한 행정구역의 과감한 개편도 시도할 필요가 있다. 광역시의 1개 동과 비슷한 군 단위임에도 교육청, 경찰서 등 있을 기관은 다 있고 높은 직급까지 모두 거느리고 있는데 어떻게 자립을 할 수 있을지도 생각해 봐야 할 때다.

구두닦이 노인, 세상을 개탄하다

우리 동네 우체국 앞 큰길가에 구두를 수선하는 한 평짜리 가건물이 있다. 그 안에서 70대 노인 한 분이 열심히 구두를 닦거나 구두 뒤꿈치를 수리하고 있는데 그 모습이 참 진지하다. 닦은 구두를 작은 선반 위에 가지런히 놓은 다음 하얀 종이로 그 위를 덮는다. 그 모습이 너무 정성스럽다.

'뭘 그렇게까지 하느냐'고 물으면 깨끗이 닦은 손님 구두에 먼지가 묻어서야 되겠냐는 것이다.

'손님 구두에 먼지를 묻혀서는 안된다'는 구두닦이 노인, 그래서 언제나 일거리가 떨어지지 않는다. 좀 쉴 시간에는 신문을 펼쳐 들고 큰소리로 읽기도 하는데 특히 노인이 못마땅해 하는 기사는 패륜사건이나 사람의 명예를 함부로 다루는 기사다.

가령 자식이 부모를 살해했다든지, 난잡한 성폭력 같은 것을 너무

자세히 다루어서 무슨 도움이 되겠냐는 것이다. 특히 사이버 언론까지 확대되면서 이와 같은 명예훼손이나 사회적 혐오 기사가 도를 넘고 있음을 개탄한다.

최근에 있었던 두 가지 사건만 해도 '닦은 구두에 흰 종이를 덮는 노인'의 눈에는 마뜩잖게 보일 것이다.

하나는 지난 9월 서울 신사역에서 중랑공영차고까지 가는 240번 시내버스에서 아이만 내려놓은 엄마가 소리쳐도 버스기사가 그냥 달렸다는 뉴스다. (물론 아이엄마는 다음정류장에서 내려 아이를 찾았다.)

아이의 엄마가 인터넷에 민원을 제기함으로써 세상에 알려진 이 사건은 삽시간에 '버스기사가 차를 세우라는 아이 엄마에게 욕설을 했다'는 등 없는 사실까지 보태져 SNS를 달구었다.

그런데 경찰과 서울시의 조사결과는 어땠는가? CCTV 판독에서 이미 아이엄마가 차를 세워달라고 했을 때는 버스가 차로를 바꿔 차 문을 열 경우 위험한 상황이었으며, 차 안도 시끄러웠고, 운전기사의 욕설도 없었다는 것이다.

뒤늦게 아이 엄마는 버스기사에게 사과를 했지만 이미 버스기사는 부도덕한 인물로 마녀 사냥식 비난을 받았고 그 정신적 고통은 형언할 수가 없는 상태.

못을 빼도 못 자국은 남는 법. 얼마나 많은 사람들이 이런 수난을 당하고 있을까? 얼마나 많은 사람들이 재판도 받기 전에 '죄인'의 낙인이 찍혀 파김치가 되어 버리는가? 나중에 무죄나 무혐의가 된들 무슨 소용이 있을까?

최근 21년 전 자살한 가수 김광석씨의 죽음을 둘러싸고 그의 부인 서모씨가 마녀사냥식 난타를 당했다.

한 인터넷 언론 관계자가 만든 영화 '김광석'이 발표되면서 갑자기 부인 서모씨는 친딸의 살인 의혹까지 받아 가며 계속 언론을 타고 있는 것. 심지어 난타의 무대에는 국회의원도 등장하여 의혹의 판을 키웠다.

검찰은 서씨의 출국금지 조치를 했고 마침내 서울지방경찰청 광역수사대에서 서씨에 대한 수사를 전개하기에 이르렀다. 그러나 11월에야 끝난 경찰의 수사는 서씨에 대한 모든 혐의를 '무혐의'로 종결지었다.

서씨는 자신을 그렇게 몰고간 인터넷 언론인에 명예훼손과 손해배상을 신청할 것으로 알려졌다. 그러나 그것으로 그의 찢길 대로 찢긴 인격모욕과 억울한 누명에 대한 보상이 이루어질까?

다행인 것은 서씨의 경우 마녀사냥의 칼끝에 스스로 목숨을 끊지 않고 꿋꿋하게 버티며 결국 '결백'을 밝힌 것이다.

많은 사람의 경우, 범죄의 누명을 쓰고는 견디지 못하여 자살을 선택하는 경우가 있기 때문이다.

최근에도 어느 여학교 선생님이 제자를 성추행했다는 혐의로 조사가 시작되고 언론에 보도되자 결백을 주장하며 죽음을 택했다.

정말 구두를 닦고 그 위에 티끌 하나라도 묻지 않게 흰 종이를 덮는 노인처럼, 인간의 존귀한 명예를 난도질하는 일은 없어야겠다.

아산이 무너지나, 평택이 깨지나

지도를 놓고 보면 경기도 평택과 충남 아산은 사람의 위턱과 아래턱처럼 서로 대치를 이루고 있다. 묘하게도 아래턱에 해당되는 충남 아산에는 충무공 이순신 장군의 묘소와 그를 추모하는 현충사가 있다.

반대로 임진왜란 때 충무공의 강력한 라이벌 관계였던 원균의 묘소는 서로 마주보는 평택에 있다. 속담도 아니면서 가끔 결판을 가려야 할 때, '아산이 무너지나, 평택이 깨지나'하는 말도 이들 두 장군의 갈등에서 나왔다는 이야기가 있다.

원래는 평택의 일부가 1914년 4월 1일까지는 충남 땅이었다. 그러다가 조선총독부령에 의해 평택군 읍내면, 동면, 서면 등이 경기도로 편입이 된 것.

1973년 충남 아산과 경기도 평택 사이의 방조제가 건설되면서 관할

구역을 두고 양측이 충돌했다. 이때도 '아산이 무너지나 평택이 깨지나'하는 말들이 나왔다. 농지확보와 양식어장의 크기가 경계선에 따라 달라지니 싸움도 커질 수밖에 없었다. 하지만 이 말이 충무공 이순신과 원균의 갈등 때문에 생겨났다는 것은 근거가 없다.

오히려 1894년 7월, 이땅에서 벌어진 청일전쟁에서 비롯됐을 것이란 말이 설득력을 얻고 있다.

왕실경비와 동학군 봉기를 진압한다는 것으로 끌어들인 첫 외국군대는 청나라. 이에 발끈하여 일본군이 뛰어 들었고, 마침내 1894년 7월 25일, 아산만 앞에 있는 풍도에서 청나라 북양함대와 일본의 전함이 불을 뿜었다.

청군은 임오군란을 진압했던 정여창(鄭汝昌) 제독 휘하에 순양함 2척, 포함 1척, 민간상선 1척이 순양함 3척을 거느린 일본군과 맞붙은 것이다. 그 무렵 충남 아산에는 청군 3천 명이 주둔하고 있었고 경기도 평택 인근 성환쪽에는 일본군이 자리 잡고 있었다.

일본은 아산에 주둔한 청군을 중국 본토로부터 고립시키기 위해 해상봉쇄를 시도했고, 이것이 마침내 '풍도해전'(海戰)으로 이어진 것이다. 이 해전에서 청나라는 참패를 당했다. 병력 1천100명의 사상자를 냈고 전함은 모두 불탔으며 일본 측은 1명의 전사자도 없이 완승을 거두었다.

전투는 육지로 전개됐다. 풍도해전 사흘 후인 7월 29일, 아산지역에 주둔하던 청국군과 평택쪽에서 내려온 일본군이 지금 국립 종축장(일명 성환목장)에서 치열한 전투를 벌인 것이다. 남의 나라에 와서 허락도 없이 싸움판을 벌인 청 · 일, 이때 '아산(청국군)이 무너지나, 평택(일본군)이 깨지나'라는 말이 강대국들의 싸움 구경만 해야 하는 우리 백성들 입에서 나왔을 것 아니냐는 것.

정말 우리는 얼마나 무력감에 빠져 있었을까? 결국 일본은 청군을 추격, 그해 9월 15일 벌어진 평양전투에서도 승리를 거두었고, 마지막엔 웨이하이에까지 쫓겨 청군의 항복을 받아 냈으며 북양함대 사령관 정여창(鄭汝昌) 제독은 패배에 책임을 지고 스스로 목숨을 끊고 말았다.

지금 우리나라는 북핵문제를 둘러싸고 미국, 중국, 일본 등 강대국들의 전략적 이해관계가 뜨겁게 부딪치고 있다. 민족의 생사가 걸린 절체절명의 안보문제인데, 사실 우리의 주장대로 '운전대'를 잡는 데는 한계가 있으며, 여기에는 지정학적 운명이 있음을 부인할 수 없는 게 현실이다. 그래서 요즘 다시 중국 TV에 우리 전지현이 등장했다 해서 좋아할 것도 아니고, 또 언젠가 가혹한 황사를 일으킬지도 모른다. 이것이 중국의 패권이다. 이를 막으려는 미국과 일본의 해양세력, 그 가운데 끼어있는 우리는 바둑에서처럼 잘 놓았다는 바둑알이 오히려 자충수(自充手)를 만들어 버리는 결과가 되어줄 수도 있다. 이래저래 우리의 고민이 클 수밖에 없다.

'아산이 무너지나, 평택이 깨지나' 그런 비극적 패착(敗着)은 다시 없어야 하는데….

멋진 싸움꾼

2015년 4월에 있었던 네팔의 진도 7.8 대지진은 보기 드문 참사였다. 9천명의 사망자, 100만 채의 건물 붕괴, 그런데도 그곳 사람들은 밖에서 생각하는 것처럼 심각하지 않았다.

네팔을 자주 방문하는 한 언론인에 따르면 70여 개의 학교가 무너졌지만 1년이 다 되도록 1개교도 복구를 못하였고, 국제적으로 많은 지원금과 구호품이 도착했으나 처리를 못하고, 답답할 만큼 논의만 거듭하는데 놀랐다고 한다. 심지어 구호품을 정부가 아닌 집권당인 급진 네팔공산당(CPN- Maoist)에서 각 정당별로 배분하기도 했다는 것이다.

그런데도 주민들은 빨리 구호품을 배정하라든지, 시설을 복구하라고 집단행동이나 관청에 몰려가 항의를 하지도 않았다. 힌두교가 80%가 넘는 나라여서 지진 자체도 그렇고 모든 것을 '신의 뜻'으로 받아들이기 때문. 그리고 불행이든, 행복이든 모두를 '신의 뜻'으로 생각하기 때문에 자기권리, 자기이익을 위해 싸우려 하지 않는 것. 그러니 발전도 없을 수밖에 없는데, 아시아에서 가장 가난한 나라이면서도 행복지수는 한국, 일본보다도 높으니 결코 부러울 수는 없다.

그러나 반대로 우리나라는 너무 잘 싸우는 것으로 알려져 있다. 우선 좁은 땅덩어리에서 같은 민족끼리 남북으로 갈라져 70년을 대립하고 있고, 국회에서부터 지방의회까지 안 싸우는 날이 없으며 같은 정당 안에서도 파벌이 붙었다 헤어졌다를 거듭한다. 아파트 재개발지역과 노동현장에서도, 방송국에서도 고함소리는 오늘도 계속된다.

조용하게만 느껴지는 법조와 교육현장에서도 그렇고, 트럼프 미 대통령이 우리나라를 국빈 방문하는 현장에서까지 한쪽에서는 성조기를 흔들어 환영하고, 한쪽에서는 성조기에 불을 붙이며 반대를 외치는 나라…. 지구상 어디에서 볼 수 있을까? 하긴 우리의 일상생활이 초등학교에서부터 대학, 그리고 취업과 경제활동 등 치열한 경쟁 속에 있다 보니 모든 것이 전투적일 수밖에 없다는 생각도 한다. 정말, 우리 오늘 하루가 얼마나 싸움판이었던가!

심지어 우리는 운동경기 때 응원을 하거나 수능시험장에 들어가는 학생에게도 '싸움'을 뜻하는 '화이팅(Fighting)'을 외친다. 우리나라에서나 통할 구호인데도 한국적 감정을 표현할 마땅한 구호가 없는 것이다. 물론 일본의 '간바레(がんばれ)'처럼 우리도 '힘내라' 할 수 있지만

강하게 와닿지는 않는 것. 하긴 이런 전투적 정신, 그것이 오늘 우리의 발전을 이룩한 원동력이 되었음을 부인할 수 없다. 그러나 그 치열한 싸움 속에서도 '금도(襟度)'는 있어야 하지 않을까?

2007년 7월, 한나라당 대권후보로 이명박, 박근혜의 진흙탕 싸움이 한창 고조됐을 때, 일본의 한 언론은 '한국의 정치는 인의(仁義)가 없는 싸움'이라는 칼럼을 게재했었다. 그 내용에 인용된 것을 보면 '일본인은 신입사원 연수 때 서로 힘내라고 격려하기 때문에 특출한 사람은 없어도 낙오자 역시 없다. 미국인은 다른 사람은 상관 않고 자기 길만 열심히 걷기 때문에 낙오자가 있다. 한국인은 뒤에 오는 사람이 앞에 가는 사람의 발을 걸어 넘어뜨린다.'

일본인의 지적이라 불쾌한 이야기이지만 누가 죽어도 저주를 퍼붓고 무슨 일만 터져도 욕설이 도배를 이루는 SNS의 댓글을 보면 소름끼치는 우리의 정치, 사회, 문화 모든 것에 감염되어 있는 '싸움 정신'은 오염될 대로 오염되고 '금도'를 잃었다. 우리의 '싸움 정신'에 '금도'를 되찾을 때 우리는 더욱 가치 있는 세상을 만들 것이다. 정말 우리 멋진 싸움꾼이 될 수 없을까?

문득 독립운동가 안창호 선생의 말이 생각난다. 망명지 미국에서 어느 날 길을 가다가 상투를 한 한국인이 서로 피투성이가 되어 싸우는 것을 보고는 고함을 쳤다.

"우리 땅에서 그렇게 싸우고도 모자라 남의 땅에 와서도 싸우는 거요!"

풀뿌리 기초단체와 정당공천제

1970년대 K씨가 충남도지사로 부임했다. 경상도 출신인 그는 부임 다음날 아침, 지사 관사에서 나와 동네 목욕탕에 갔다. 그러나 그는 관사로 돌아올 때 길을 잃어 엉뚱한 곳을 헤맸다. 할 수 없이 택시를 잡아 타고서야 관사로 돌아 올 수 있었다. 자기 관사도 못 찾을 만큼 그 지역에 어두웠던 도지사.

지방자치가 시행되지 않았던 때의 이야기다. 그러니까 어느 지방을 잘 아느냐, 모르느냐에 상관없이 중앙정부에서 도지사, 시장, 군수를 마음대로 임명했던 것. 그런데 지금은 지방의 뒷골목까지 잘 아는 것은 물론 중앙 정치무대도 잘 알아야 지방자치단체장에 오를 수 있다. 정당의 공천제도가 있기 때문이다.

특히 '풀뿌리 민주주의'의 근간이 되는 시 · 군 · 구 기초자치단체장 선거는 이 때문에 지역출신 국회의원에 대한 공천헌금 등 잡음이 끊이

질 않는다.

몇 년 전 영남에서 있었던 일이다. 구청장 공천을 희망하는 지망생에게 지역출신 국회의원이 충성서약을 요구하여 말썽이 됐었는데 그 내용이 △C구청장이 되면 P의원의 국회의원 총선을 책임지고 치룰 것 △의원 사무실 운영을 책임질 것 △구정에 관해 주1회 돌아가는 상황을 보고하고 의원의 지시가 있으면 시행할 것 △의원의 사전허락 없이 구청장의 개인적 사조직을 하지 말 것 등 이쯤 되면 기초자치단체장은 출신 의원의 개인적인 집사에 불과하다.

뿐만 아니라 공천대가로 수억원의 금품을 요구 했다가 이를 거절하여 탈락한 경우도 있다. 사실 불법적인'정치헌금'은 정치개혁의 가장 큰 장애가 되고 있으나 기초단체의 정당공천제도를 개선하지 않고는 피할 수 없는 현실이다.

이렇다보니 기초자치단체장들은 당선 되자마자 의원에 대한 충성이행을 위해 동분서주해야 하며, 기초의원들은 의원의 지역구 행사가 있으면 의회를 열었어도 현장으로 불려가 의석은 텅 비어 버리기 일쑤다. 오죽했으면 어느 지방에서는 시의원들의 세금낭비에 대한 반환운동을 벌이기까지 했을까.

지방 '소통령'이라고 불릴 만큼 지역에서의 권한이 막강한 기초단체장들의 계속되는 비리도 많은 정치비용이 드는 '정당공천제'와 무관치 않다. 민선 4기의 경우 기초단체장 230명 가운데 15%가 임기를 채우지 못하고 비리로 도중하차 해야만 했다. 심지어 지방자치가 실시된 이래 취임한 군수중에 한 번도 임기를 채운 사람이 없는 지방자치단체도 있다.

이밖에도 여러 가지 측면에서 기초자치단체장의 정당공천제배제를 위한 논의가 활발하게 제기되었으나 아직도 실효를 거두지 못하고 있다.

특히 쓰레기 처리를 비롯한 환경문제, 교통문제 등 주민생활서비스가 중심이 되는 기초자치단체는 순수한 주민의사가 집합되는 곳이지 왜 여기에 정당의 간판이 필요한가 하는 주장이 크게 대두되고 있는 것. 뿐만 아니라 평화롭게 살아오던 마을이 군수선거로 패가 갈라지고 분란이 발생하는 일도 없을 것 아니냐는 소리도 높다.

따라서 연방제에 준하는 분권국가를 목표로 내년 지방선거 때 개헌을 추진하는 정부 입장에서, 기초단체장만은 정당공천제도를 손질해야 정치개혁의 빛을 발휘할 것이다.

정당공천제가 있는 한 아무리 경선제도를 강화하는 등 개선책을 마련해도 현실적으로 지역국회의원의 파워를 무시할 수 없는 만큼, 이번 개헌을 계기로 정당공천제배제를 적극 추진했으면 싶다.

제4장

의원인지, 회사원인지

이 땅에 펼쳐지는 삼국지 계략정치

동탁을 암살하려다 실패한 조조는 황급히 도망치다 진궁이라는 지방수령에게 붙잡히고 만다. 그러나 진궁은 조조의 수하에 들어가 그를 풀어주고 자신도 함께 조조를 따라 도망친다. 조조와 진궁은 이렇게 같은 동지가 되어 조조의 백부 되는 여백사의 집에 들어가 몸을 숨겼다.

그런데 잠을 자다 칼 가는 소리에 잠을 깬 조조는 여백사의 친족들이 자기를 죽이려는 것으로 판단, 칼 가는 사람에게 달려가 목을 쳤다. 하지만 이것은 조조를 대접하기 위해 돼지를 잡으려고 칼을 가는 것이었다. 뒤늦게 이를 알고 조조는 후회했지만 다시 집을 나와 도망가는데, 출타했다 돌아오는 백부 여백사를 길에서 마주쳤다.

조조는 아무것도 모르고 반가워하는 여백사까지도 죽여버린다. 진궁이 조조에게 묻는다.

"여백사는 당신의 백부님이 아니시오? 그런데 왜 죽이시오?" 그러자 조조가 대답한다. "내가 세상을 버리게 할지라도 세상이 나를 버리지는 않게 하겠다." 말하자면 여백사를 살려두면 자기 혈육을 죽인 조조에게 원한을 갖게 되니 아예 후환의 불씨를 없애야 한다는 것. 이것은 중국을 대표하는 역사 소설 '삼국지'에 나오는 이야기이다.

우리나라에서는 '삼국지 열 번 읽으면 무엇이든 이룰 수 있다'고 할 정도로 많은 식자층에서 평가 받고 있다. 그만큼 삼국지에는 군사는 물론 세상 살아가는 계략이 총동원되기 때문이다. 특히 정치를 하려는 사람들에게는 필독서처럼 되어있다.

적을 그럴 듯하게 속이기 위해 자신의 이익을 포기하거나 자해까지 하는 고육계(苦肉計), 동쪽을 치기 위해 서쪽을 치는 척 하는 양성계, 아름다운 여인을 등장시키는 미인계, 병에 걸린 척하여 상대를 교란시키는 사병계(詐病計) 등 이 모든 것의 핵심은 정당한 방법에 의해서가 아니라 비책과 계략에 의해 목적을 달성하는 것이다.

여기에 문제가 있다.

특히 정치인들이 삼국지식 정략에 빠지고, 건강한 꿈을 가져야 할 젊은이들이 계략을 선호하면 비전 없는 정치, 비전 없는 삶이 되지 않을까 걱정된다.

1996년 대통령선거에서 김대중 · 김종필의 소위 DJP연합이라 하여 새천년민주당과 자민련(자유민주연합)의 공동정부가 출발했으나 16

대 국회의원 선거에서는 자민련 국회의석이 17석으로 원내교섭단체 구성에 실패했다.

그러자 민주당에서 송석찬, 장재식, 배기선, 송영진 4명의 의원을 자민련에 꾸어주어 겨우 교섭단체를 만드는 웃지 못할 일이 벌어졌다. 제갈량의 계책으로 유비와 손권이 동맹을 맺고 적벽전투에서 조조군을 무찌른 것에 비길 수 있는 '삼국지'식 정치계책이다.

그래서 우리 정치인들은 삼국지를 교과서나 되듯 걸핏하면 삼국지에 나오는 고사를 곧잘 인용하는데 우려스러운 일이다.

특히 우리가 걱정하는 것은 '여소야대(與小野大)' 국회에서 '협치'라는 이름으로 '협치' 아닌 삼국지식 정략만 무성할 수 있다는 것이다. 한때 국민의당 연정설이 나오더니 급기야 바른정당과의 통합설, 그리고 자유한국당과 바른정당의 통합설 등 마치 2000년전 삼국지 무대가 이 땅에서 정치공학(政治工學)이라는 이름으로 다시 펼쳐지는 것 같아 건강하고 깨끗한 정치발전을 바라는 사람들에게는 우려스럽기만 하다.

모든 것이 진화하는데 우리 정치만 진화하지 않고 삼국지 시대로 돌아가는 것은 무엇 때문일까?

피에트로 검사와 '깨끗한 손' 운동

상하 국회의원 945명 가운데 321명이 검찰 조사를 받았고, 619명에게는 국회의원으로서의 면책특권을 정지시킬 것을 요청받았다. 어느 나라 이야기일까?

이렇게 국회가 거의 통째로 부패했음을 보여준 나라, 그건 이태리다. 특히 이태리 범죄의 특징으로 이름난 마피아와의 관련이 제일 심각했다. 이런 가운데 1992년 부패와의 전쟁을 벌이며 국민적 영웅으로 등장한 것이 안토니오 디 피에트로 검사. 당시 42세의 젊은 검사 피에트로는 집권당 거물 국회의원 카라를 구속하는 등 많은 정치인, 기업인, 관리들을 감옥에 보내며 마피아 범죄 소탕에 밤낮없이 질주했다.

미국 영화 '대부(代父)'가 말해 주듯 이태리 마피아는 뉴욕을 비롯 세계 주요도시의 마약, 도박장, 호텔, 부동산, 밀수 등을 손에 넣고 온

갖 비리를 다 저질렀다. 그래도 국가 수사기관이나 정치권이 그들과의 연결고리 때문에 손을 제대로 쓰지 못했던 것. 심지어 마피아는 그들 조직에 맞서는 검사, 판사, 정치인들에 대한 살해도 서슴지 않았고 피에트로 검사 역시 그런 암살 위협을 받으면서도 소신껏 밀고 나갔다.

오히려 그는 악명 높던 마피아 두목 살 바트레리나까지도 구속시켰고 이들 거물들에 대한 구속을 집행할 때는 TV로 생중계를 함으로써 한껏 분위기를 높였다. 이렇게 되자 피에트로 검사의 인기는 대단하여 티셔츠나 맥주컵에까지 그의 사진이 등장했고 정부는 그에게 장관직을 제의하기도 했다. 국민들은 이와 같은 검찰의 사정 바람을 '마니 폴리테(깨끗한 손)' 운동이라 불렀다.

사실 이때까지는 정부에서 지하철 공사를 할 때, 1㎞당 800억리라를 책정했으나 '깨끗한 손' 운동이 시작되면서 440억리라로 대폭 삭감됐다. 그러니까 그동안 정부에서 발주하는 공사비가 터무니없이 높게 책정, 국민 세금을 홍청망청 축냈다는 것이다. 하지만 피에트로 검사가 주축이 된 '깨끗한 손' 운동은 여기까지였다.

너무 지나친 사정 바람은 경제를 위축시켜 10만명의 실업자가 발생했고, 대형공사가 중단되는 사태가 벌어졌다. 검사들이 나라를 망친다는 원성도 이곳저곳에서 터져 나오며 사임 압력이 가해졌다. 결국 국민영웅 피에트로 검사는 1994년말 사표를 냈고 '깨끗한 손' 운동은 동력을 잃기 시작했다. 그리하여 지금 국제투명성기구가 발표한 것을 보면 유럽에서 부패척도를 말하는 투명성에서 여전히 이태리는 최하위를 차지하고 있으며 스웨덴, 스위스 등이 1, 2위를 자랑하고 있다.

왜 이태리는 '깨끗한 손' 운동과 피에트로 같은 젊은 검사들에 의해 순교자적 부패척결이 진행됐음에도 여전히 부패지수는 오명을 벗어나지 못하는가? 이에 대해 지금은 유럽의회 의원으로 활약하고 있는 피에트로는 "병의 원인이 되는 바이러스는 찾아냈지만 환자 격리와 항체 개발의 후속조치가 이루어지지 않았기 때문이다"고 고백했다.

그가 목숨을 걸고 부패와의 전쟁을 벌여 획기적인 성과를 올렸음에도 '환자 격리'와 '항체 개발'이 이루어지지 못했다는 고백은 우리에게 많은 것을 생각게 한다. '환자 격리'는 부패의 상징처럼 되었던 기민당 등 기존 정치권을 무너뜨리는 데는 성공했으나 그 주역들은 여전히 정치권에서 활동하고 있다는 것이며, 또 법보다 친족 지연 등을 더 중요시하는 이태리 국민성을 지적하는 것이라는 이야기다.

같은 반도국가에 국민성도 이태리와 비슷하다는 우리. 고위 공직자범죄수사처(공수처)의 설치안이 발표되었으나 피에트로 검사의 고백 또한 되씹어 봐야 할 것이다.

중국의 큰손, 작은손

최근 중국에서 공장을 운영하는 지인을 만났다. 그는 중국의 사드 보복으로 공장 가동률이 50%로 뚝 떨어져 심각한 출혈 경영을 하고 있어 인도, 베트남 등으로 공장 이전을 계획하고 있었다. 말이 50%이지 기업을 하는 사람들에겐 뼈를 깎는 아픔이 아닐 수 없다.

그런데 막상 중국에서는 공장을 마음대로 옮기는 게 쉽지도 않아 이중의 고통을 겪는다고도 했다. 그는 중국에 진출한 일본 기업들도 센카쿠열도 영유권 문제로 중국과 갈등을 빚었을 때 3년 가까이 피해를 당했다면서 앞으로 일본 기업이 겪은 보복보다 긴 고통을 각오해야 할 것 같다고 몹시 우울해했다. 그러면서 최근 겪은 일화를 소개했다.

한 번은 자기 공장에 물건을 납품하는 업자가 청구서에 가격을 터무니없이 높여 요구했다. 그래서 왜 갑자기 가격을 높이느냐고 항의하자 업자는 단 한마디를 남기고 가더라는 것이다. “그럼 당신 마음대로 지불하시오" 참으로 황당했고 외국인 기업, 특히 한국기업이라고 이렇게 무시하는가 싶어 불쾌했다고 했다.

지난해 인기있는 모 TV연예프로에서 있었던 일이다. 한국어를 잘하는 젊은 중국인 출연자가 MC의 질문에 "자신을 냉동시켜 필요한 때 인류발전에 공헌하고 싶다."고 대답했다. 박수가 나온 것은 물론이다. "그럼 몇 년도에 깨어나고 싶으냐?"고 물었고, 젊은 중국인 출연자는 "외국어를 안 배워도 되는 세상이 될 때"라고 대답했다. 웃음이 터졌다.

이어 "그럼 모두가 중국어 하나만 하면 되는 거냐?"는 질문에 그는 "그렇다"고 대답했다. 농담이라고 치부하는 사람도 있었지만 시청자들 사이에는 '저것이 바로 잘못된 중국 중심 문화의 표현'이라고 공격이 쏟아지기도 했다. 그것을 '중화사상' 일면을 보여주는 것이라고 비판하는 사람도 있었다.

중국 시진핑 국가주석은 취임하자마자 러시아에 20억불의 차관을 발표하고, 2015년 9월 미국을 방문했을 때는 보잉 여객기 300대를 구매하는 바람에 미국을 놀라게 했다. 그렇게 통 큰 선물을 미국에 안긴 시진핑은 영국에 가서는 영국의 원자력 발전에 11조원이나 되는 투자를 약속했다. 정말 굉장한 선물이다.

독일에 가서도 그렇게 큰 선물 보따리를 풀었고 아프리카 등 어디든 그가 가는 곳에는 선물 보따리가 있었다. 벌써 중국은 미국을 추월한 대국이 된 듯 그렇게 '착한 아저씨' 이미지를 만들고 있는 것이다. 그런 중국이 왜 우리에게는 그렇게 인색한 것일까? 가장 가까운 이웃이 아닌가?

중국에서 100여 개의 마트 가운데 절반 이상이 영업정지를 당하는 등 만신창이가 된 롯데는 더 견디질 못하고 철수를 결정했고, 한국여행 억제로 우리 관광업계는 비명을 지르고 있다. 중국의 건국기념일인 '국경절' 연휴가 시작된 지난 10월 1일부터 7일까지 매년 20만명 상당의 중국 관광객이 서울을 찾았는데, 올해는 반 토막도 안 돼 관광수입 2천500억원이 날아가 버렸고, 북새통을 이루던 면세점은 파리를 날렸다.

긴 줄을 서가며 우리 화장품을 싹쓸이하던 요커는 어디 갔는가? 사드배치가 불만이면 북한의 핵과 미사일을 통제했어야지 왜 그냥 구경만 하고 있다가 이제 와서 경제보복인가? (내심 북한의 핵개발을 즐기고 있었는지 모르지만)

지금도 늦지 않았다. 북한의 핵을 제거하면 사드도 필요 없지 않은가? 300대의 보잉 여객기를 구매하고 11조원을 원전 건설에 투자해 주는 그 큰손, 나라에 따라서는 작은손으로 변하는 중국의 이중적 잣대에 대해 천년 세월, 그 중국의 눈치를 보며 살아온 우리는 진정 괴롭다.

신고리 원자력 찬반을 세종대왕께 물으면…

서울대 허성도 명예교수는 우리 역사를 보는 눈을, 왜 조선은 망했느냐?의 자학적 관점에서 벗어나 조선은 어떻게 500년이나 왕조를 지탱할 수 있었는가?하는 긍정적 관점에서 보자고 말한다. 사실 한 왕조가 500년이나 지속된 사례는 세계사에 흔하지 않다. 그러면 조선왕조가 이처럼 오래 유지된 힘은 무엇일까?

허 교수는 그 첫째로 '민의 수렴'을 꼽았다. 사실 암행어사 제도 역시 민의를 파악하기 위한 것이었고, 조선시대 가장 큰 적폐로 지적받는 당쟁도 처음에는 민의와 명분이 아니었을까? 지금 걸핏하면 여론조사라는 것이 발표되는데 이 역시 이미 조선시대에도 행해졌었다. 그 대표적인 것이 세종대왕 때 농사의 수확량에 대한 세금 책정에 관한 여론조사.

세종대왕은 기존의 세법을 고쳐 1결당 10되의 세금을 일정하게 정함으로써 관리들의 자위적 책정을 배제하자는 것이었는데 그 찬반을 백성에게 물어보게 한 것. 17만 2천여 명을 조사한 결과 찬성 9만8천여 명, 반대 7만 4천여 명, 그러니까 찬성이 57%나 나왔으니 개정안은 확정된 것이나 마찬가지다. 사실 조사대상 17만명은 당시 조선의 인구로서는 성인 남자만 대상으로 했기 때문에 전 국민이 참여한 것이나 다름없다. 그래서 5개월이나 시간을 소비해야 했다.

당연히 방망이를 두드릴 것이라 기대했던 세종대왕은 의외의 결정을 내린다. 반대 7만 4천여 명도 적은 숫자가 아니며 그들에게도 그만한 의견이 있어 반대를 한 것이니 전국적 시행을 보류하고 몇몇 곳을 지정, 시험적으로 시행하는 가운데 문제점이 있는지, 있으면 어떻게 보완해야 하는지를 검토 후 전국적으로 실시토록 하라는 것이었다. 그러자 반대했던 사람도, 찬성했던 사람도 모두 흡족하여 승복했다는 것이다. 이렇게 모든 백성을 흡족하게 한 세종대왕이야말로 이미 500년 전에 여론 정치, 민의 수렴의 수범을 보였다 할 것이다.

세종대왕이 1443년(세종25년)에 한글을 만들고도 반포까지 3년이나 걸린 것 역시 좀 더 시행과정을 거치면서 보완하려는 의도였고, 한글을 만든 목적 자체가 백성과의 소통을 위한 것이었다. 요즘 신고리 원전 56호기의 운명을 결정지을 시민참여단의 최종 설문조사를 둘러싸고 제대로 찬반 의사가 공정하게 수집될지 걱정하는 사람이 많다. 찬반에 대한 기초자료조차 시민참여단에 늦게 전달, 숙지할 시간적 여유가 너무 짧아 부실한 결정이 나올 수 있다는 것.

공론화위원회는 지난 9월 16일 충남 천안에서 시민참여단 478명이 참석한 가운데 오리엔테이션을 가진 바 있다. 그러나 신고리 56호기 백지화 울산시민운동본부는 그 478명의 참여단 지역배분 비율을 문제 삼았고, 특히 해당지역 주민의견에 가중치를 주자는 의견까지 나와 상황이 더욱 복잡해지고, 그 대답은 500년 전 세종대왕이 세제개혁을 둘러싼 찬반 여론을 어떻게 했고, 그 결과를 어떻게 처리했기에 모든 백성이 흡족해했는가를 되돌아보는 데 있을 것이다.

말로만 세종대왕을 위대한 인물이라 떠들고, 그 정신을 본받지 않는 오늘의 우리를 대왕께서 노하실까 두렵다.

'군번 1번'의 갈등

대한민국 육군의 군번 1번은 이형근 예비역 대장이다. 그는 1942년 일본 육사를 졸업했고, 1946년 미군정청에 의해 육군 대위로 임관되면서 군번 1번을 부여받았다. 이때 이형근보다 일본 육사 선배인 채병덕이 군번 1번을 차지하려고 무던 노력을 쏟았다. 이형근에게 1번을 빼앗기자 크게 반발하였으나 미군정청은 그대로 묵살해 두 사람의 감정은 계속 나빠질 수밖에 없었다. 그러다 1950년 6·25가 일어났다.

이형근은 제 2사단장으로, 그리고 채병덕은 군번 1번을 빼앗겼으나 참모총장이 되어 북한 인민군의 남침에 맞닥뜨리게 된다. 채병덕은 전략적 요지인 의정부를 포기하지 말고 사수할 것을 이형근 제2사단장에게 명령했다. 그러나 이형근은 탱크 하나 없이 4.2인치 박격포와 무반동총을 갖고 의정부를 사수하라는 것은 자멸이나 마찬가지라고 판단했다.

2사단에 앞서 7사단도 의정부를 사수하기 위해 싸웠지만, 탱크를 앞세워 물밀듯 내려오는 적 앞에 힘없이 무너진 상태였고 전황은 더욱 악화됐기 때문이다. 그래서 이형근은 채병덕에게 의정부에서 병력을 잃지 말고 한강에 제2전선을 구축할 것을 제안했는데 이 문제로 두 장군은 싸움을 벌였다. 결국 채병덕은 이형근을 사단장직에서 해임해버리고, 최창언 대령으로 하여금 의정부 사수를 명령했으나, 이형근의 판단대로 많은 병력만 잃고 후퇴하고 말았다. '군번 1번'의 갈등이 결국은 국가의 운명을 좌우하는 전쟁터에서까지 작용하는 것일까?

임진왜란 때 이순신과 원균은 치열한 라이벌이었다. 한 번은 전라좌수영 함대가 주축이 되어 승리를 거두고 임금에게 장계를 올릴 때 원균은 자신도 함께 올리게 해달라고 청하였다. 그러나 이순신은 공동으로 장계 올리는 것을 거부했는데, 이 때문에 두 장군 사이에 반목이 심해졌다. 그래서 이순신이 삼군 수군통제사로 승진하자 원균의 반발이 커졌고 할 수 없이 원균을 충청병사로 발령, 두 사람을 멀리 떼어 놓았다. 그리고 마침내 지휘부의 갈등은 1597년, 칠천량 해전에서의 패배를 가져왔다.

선조임금은 그해 이순신으로 하여금 "왜적이 몰려있는 부산진에 왜장 가토 기요마사가 나타날 테니 공격하여 생포하라"고 명령했다. 그러나 이순신은 6 · 25때 의정부 전투에서 이형근이 판단했던 것처럼 '부산진 공격'은 적의 간계에 빠지는 것이고 병력을 잃는다며 출병을 거부했다.

화가 난 선조는 어명을 거부한 죄로 이순신을 파직하고 옥에 가두었으며 후임으로 원균을 임명했다. 그러나 결국 원균은 이순신의 판단대로 왜군의 유인작전에 넘어가 용감히 싸웠으나 참패를 당하고, 많은 병력과 함선을 잃었다. 뿐만 아니라 원균 자신도 전사했으며 외아들 역시 함께 전사했는데 이것이 칠천량 해전이다.

그런데 시대가 흘러 21세기가 되었는데 되풀이돼서는 안 될 현상이 벌어지고 있어 안타깝다. 송영무 국방부장관과 문정인 안보특보 사이에 북한 핵문제와 군사전력을 둘러싸고 마찰이 빚어지는가 하면, 청와대가 국방장관에게 '엄중주의조치'하는 경고까지 나왔다.

이 뉴스를 보는 순간 기뻐할 사람은 북한의 김정은 밖에 없겠다는 생각에 안타까웠다. 전술핵 배치를 하느냐를 둘러싸고도 엇박자가 빚어져 국민들로 하여금 당혹스럽게 했다. 정말 무엇이 진실이고, 또 안보의 정답은 무엇인가? 제발 국민을 불안케 하지 말기를 바란다.

마오쩌둥의 '참새잡기' 운동

소록도의 한센인 남성들에게 강제로 정관수술을 시행한 때가 있었다. 일제 때도 그랬고, 해방 후에도 소록도에 거주하는 남성들에게 그렇게 했다. 최근 이들이 법원에 소송을 제기해 3천만원의 보상을 받는 판결을 받아냈다.

가족계획이 주요 국가시책이던 1970~80년대에도 정관수술은 '강제'는 아니지만 그렇게 권장되었다. 1977년에만 해도 정관수술 목표가 6만명이나 되었는데 이를 위해 공영주택입주 우선권, 새마을 취로사업 우선권 등을 내걸었고 예비군 훈련장에서는 가족계획의 홍보와 함께 정관수술이 행해지기도 했다.

그만큼 정부는 경제발전을 가로막는 요인의 하나로 인구증가를 꼽았던 것이다. 그래서 처음 '아들 딸 구별 말고 둘만 낳아 잘 기르자'는 슬로건은 '하나 낳기'로 변했고, 아이를 많이 거느린 부모는 전셋집도

구하기 힘든 사회 분위기가 조성됐었다.

그 결과 오늘날 저출산이 몰고 온 '인구 위기'로 당황하기에 이르렀고, 옥스퍼드 대학 데이빗 콜먼 교수는 "저출산으로 인한 인구소멸 국가 1호는 한국이 될 것"이라고 무섭게 경고했다. 이렇듯 정책 입안자들은 눈앞의 현상만 보고 단말적 처방을 내리기 앞서 멀리 보는 혜안이 필요하다.

1958년 중국의 마오쩌둥(毛澤東)은 '대약진 운동'을 전개했다. 사회주의 건설을 가속화하고 농공업 대증산을 이룩하겠다는 것이다. 특히 농업정책에 있어 악명 높은 '인민공사'의 설립은 농민을 집단화하고 생산을 공산화하는데 목적이 있었다.

또 색다른 운동 하나가 있었는데 곡식을 먹어 치우는 참새를 잡으라는 것이었다. 중국 정부는 참새잡기 운동을 대대적으로 전개, 1958년 한 해에만 80만 마리를 잡은 것으로 집계되었다. 이 같은 대대적인 참새잡기 운동은 식량 증산에 기여했을까? 아니다. 참새가 줄어드니 이번에는 메뚜기가 폭발적으로 불어나 벼를 쑥대밭으로 만들어 버렸다. 메뚜기의 포식자 참새가 없어졌기 때문이다. 결국 중국 정부는 메뚜기의 천적인 참새잡기 운동을 금지하기에 이르렀다.

마오쩌둥의 대약진 운동은 '참새잡기 운동'에서 보듯 눈에 보이는 것만 생각하고, 눈에 보이지 않는 먼 곳을 생각하지 않는 정책들로 실패를 하고 만다. 제철 증산도 성과주의에 매달리다 보니 선철 30%가 품질 저하로 상품성이 떨어졌고, 심혈을 기울였던 인민공사 역시 무리

한 집단화로 결국 농업 파탄을 가져왔다. 그리고 마오쩌둥은 국가주석직에서 사임하고 만다.

지금 우리는 투기를 막기 위한 대책으로 여론이 갈리고 있다. 여권에서는 부동산 보유세를 들먹이고 김동연 경제부총리는 이를 검토하지 않는다고 했다. 부동산 보유세에 신중한 경제부총리는 자칫 조세저항을 가져올 수 있고, 이를 실시할 경우 부동산 경기가 침체된 지역은 어떻게 할 것인가를 문제로 제기한다.

탈원전 정책도 그렇다. 당장 산업용 전기요금 개편이 시행될 경우 철강업계는 2015년 보다 3조 5천 68억원을 더 부담해야 하는 것으로 보도됐다. 이렇게 하여 전체 산업용 전기요금은 5조가 늘어날 수도 있다는 것인데, 과연 탈원전이 본 궤도에 오르면 어떻게 되겠는가 하는 문제도 고려해야 할 것이다.

한국의 탈원전을 일본과 중국의 산업계가 은근히 반기고 있다는 것은 무슨 뜻일까? 전기요금 등 생산비용 증가로 한국의 경쟁력이 떨어질 것이라 보기 때문일 것이다. 참새를 잡으면 벼 생산량이 늘어날 것으로 오판했던 중국의 실수를 되짚어 볼 필요가 있다.

왜 지금
박찬호 박세리인가

충남 공주에는 두 스포츠 영웅을 기리는 시설물이 있다. 박찬호 시립야구장과 공주시민관 광장에 세워진 박세리의 LPGA 투어 US여자오픈대회에서 극적인 우승 장면을 재현한 조형물이다. 사실 이 두 사람은 공주시의 자산이자 대한민국의 자산이다. 1973년생인 박찬호와 1977년생인 박세리, 70년대에 태어난 이들 두 젊은이가 국민들이 어렵고 실의에 빠졌을 때 꿈과 희망, 난관 극복의 용기를 주었기 때문이다.

2001년 7월 LA다저스 투수 박찬호가 160㎞의 강속구로 10승을 달성했을 때 3만 2천여 관중이 일제히 자리를 박차고 일어나 박수를 보내며 환호하던 모습, 그리고 그 기립박수에 포효하던 박찬호의 모습은 지금도 잊을 수 없는 뜨거운 감동이었다.

'코리안 특급'이라는 별명으로 메이저 리그에 진출한 한국인 첫 투수 박찬호는 그렇게 IMF 3년째를 맞은 우리에게 꿈과 자신감을 일깨우기에 충분했다. 특히 그 무렵 메이저리그에서 활약 중이던 일본의 이치로 선수보다 3배가 많은 연봉을 받기까지 하여 기쁨을 더했다.

이렇게 124승의 신화를 창조한 박찬호가 2014년 공식 은퇴 후 박찬호 장학재단을 운영하며 유소년 야구 육성에 깊이 관여하고 있는데 야구와 관계없는 소년가장에 대한 지원사업도 하고 있다. 특히 야구에 관심을 갖기 시작한 중국과 동남아 청소년층에게 한국 야구를 심어주는 프로젝트도 추진하고 있어 이른바 야구에서의 '한류'를 일으키고 있는 중이다.

그러나 무엇보다 그가 하고 있는 활동 중 가장 보람 있는 것은 해마다 공주에 있는 '박찬호 야구장'에서 청소년 야구대회를 개최하여 청소년 야구층을 넓히고 있는 것이 아닐까? 지난해에는 당시 마크 W. 리퍼트 주한 美 대사까지 이 대회에 참석하여 시구를 할 정도로 뜨거운 관심을 보였다.

누구보다 1998년 IMF로 암담하던 시절, 국민들에게 희망을 안겨준 박세리. 아시아 사람으로서 유일하게 LPGA 명예의 전당에 들어간 박세리는 세계 골프계를 주름잡는 한국의 후배들에게 길을 닦아주었다. 그리고 지난 리우 올림픽에서 골프팀 감독으로 현장을 지휘하던 박세리가 금메달을 목에 건 박인비 선수와 서로 끌어안고 흘린 눈물의 의미를 높이 평가하지 않을 수 없다.

때로는 그에게 가십성 이야기가 나온다 해도 그가 쌓아온 감동적인 공로를 상쇄할 수는 없을 것이다. 그는 여전히 골프를 사랑하고, 후배들을 위해 닦아온 길을 더 넓히고 개척하기 위해 최선을 다하고 있다. 러시아까지 보내 260억 국민 혈세로 한국인 최초 우주인으로 만들어 놓았더니 미국으로 가버린 어느 젊은 여자 과학도와는 전혀 다른 것이다.

어쨌든 오늘 이야기하고 싶은 것은, 현역에서 뛸 때는 주먹을 불끈 쥐고 람보처럼 포효하는 모습으로 국민들에게 용기와 꿈을 주던 박찬호의 모습이 왜 정치권에서는 찾아볼 수 없는가 하는 것이다. 연장전 6전 6승의 끈질긴 투혼, 물속에 맨발로 들어가 공을 쳐내던 도전정신을 보여준 박세리. 그 극적이고 감동적인 모습들이 왜 정치권에서는 이어지지 않는가 하는 것도.

지금 우리는 북한의 핵실험과 계속되는 도발에 정치적, 경제적으로 불안해하고 있으며 심리적으로 공황상태에 빠져있다. 이럴 때 이들 선수들이 보여줬던 도전정신, 그 용기를 보여줄 정치 지도자는 없는가?

파문 일으킨 총리의 '세종시' 발언

육 · 해 · 공 3군 본부가 있는 충남 계룡시 부남리, '새 도읍지'라는 뜻의 '신도안'에는 태조 이성계의 지시로 조선 왕궁 공사를 하며 여기저기 배치했던 주춧돌 94개가 그대로 남아 있다. 돌의 크기나 규모로 보아 태조 이성계가 꿈꾸던 새 왕조의 비전이 얼마나 컸던지 느낄 수 있다.

그런데 전국에서 동원된 수많은 인부들이 한창 공사를 하던 1394년, 갑자기 공사 중단 조치가 내려졌다. 왜 그랬을까. 태조 임금의 신임이 두터웠던 권중화는 '산태극 · 수태극'의 계룡산 아래에 새 왕조의 터를 잡아야 한다고 주장했으나 뒷날 태종이 될 이방원의 신임이 컸던 하륜은 무악(지금의 연세대 일대)을 건의했다. 그러나 태조나 이방원 모두에게 영향력이 컸던 무학대사는 한양(지금의 경복궁 일대)을 추천했다.

계룡산 신도안을 반대하는 무학대사나 하륜의 주장은 가장 중요한 이유로 조운(漕運)을 꼽았다. 전국에서 세금(곡물)을 걷어 운반하기가 어렵다는 것, 즉 교통의 불편이었다. 그러나 실제적으로 '풍수설'이 끼어있는 정치적 파워게임이 작용했다고 보는 면이 크다. 원래 고려 때도 개성을 떠나 한양으로 도읍을 옮기자는 주장이 있었으나 한양은 李씨 왕조여서 고려의 王씨는 적지가 아니라는 주장에 좌절됐었다.

그런데 이번에는 계룡산은 鄭씨의 도읍지이기 때문에 李씨의 왕조가 터를 잡아서는 안 된다는 것. 하지만 실제적으로 이미 이 무렵 정치적 실세로 등장한 왕자 이방원의 계산된 야심이 더 크게 작용했다고 보는 사람도 있다. 어쨌든 이렇게 하여 계룡산 신도안의 왕궁 공사는 중단되었고 오늘까지 그때의 버려진 주춧돌만 남아있다.

그런데 요즘 세종시를 비롯 충청권에서 행정수도 문제, 특히 내년에 있을 개헌안에 행정수도 이전을 넣는 문제로 논란이 뜨겁다. 이와 같은 불씨를 제공한 것은 다름 아닌 이낙연 국무총리가 최근 한 언론과의 인터뷰에서 "개헌을 통해 청와대와 국회를 세종시로 옮기는 수도 이전에 대해 다수 국민의 동의를 해주지 않을 것 같다."고 한 발언 때문이다.

특히 이 총리는 "수도는 헌법재판소에서도 관습 헌법이라고 했다."면서 "국민 마음속에 행정기능의 상당 부분이 세종으로 옮겨가는 것까지는 용인하지만, 수도가 옮겨가는 걸 동의해줄까 의문이다."라고도 했다.

이에 대해 이 지역 시민단체들과 여・야 정치인, 그리고 언론이 예민한 반응을 보이고 있는 것이 사실이다. 마치 노무현 정권 때 통과된 행정도시를 MB 정권에서 정운찬 총리를 내세워 수정안을 추진, 충청도민들로부터 거센 저항을 가져왔던 악몽을 떠올리게 한다는 것이다.

한 시민단체 대표는 "문재인 대통령도 후보 시절과 당선 이후에도 세종시를 행정수도로 하겠다는 입장을 수차례 밝혔고, 여당인 더불어민주당도 같은 의견을 내놓았는데 새삼 이런 발언을 하는 배경을 이해할 수 없다"고 격앙되었다.

현정권이 행정수도에 대한 모종의 가이드라인을 제시한 것은 아닌지 의심스럽다는 목소리도 있다. 물론 이총리 측은 전혀 다른 의도는 없으며, 절차상 문제를 이야기한 것이라며 발언의 확대 해석을 경계했다. 그러나 내년 지방선거를 앞두고 총리의 발언이 이슈화되지 않겠느냐는 우려도 있다.

태조 이성계에 의해 공사까지 벌이다 취소되었던 도읍지의 역사적 상처를 안고 있고, 최근에는 행정도시를 산업단지로 바꾸려는 수정안에 대해 저항했던 충청도민들은 이 총리의 발언에, 그래서 민감할 수밖에 없다. 정말 이 총리 발언의 의도는 무엇이었을까?

노인들을 슬프게 마오

가물치의 암컷은 새끼를 수천 마리 낳는데 그 산고 때문에 시력을 잃어버려 먹잇감을 찾지 못한다. 그러면 부화된 새끼들이 스스로 어미의 입 속으로 들어가 먹이가 되어 준다. 그래서 수천 마리의 새끼가 부화돼도 실제로 생존율은 10%가 안 된다는 것이다.

이와 비슷한 경우는 까마귀에게서도 볼 수 있다. 까마귀는 가족들이 무리를 이루는데 늙어 힘이 없는 까마귀에게 젊은 까마귀들이 먹이를 물어다 입에 넣어 준다는 것이다.

그래서 '반포지효(反哺之孝)'라는 말이 생겨날 정도로 까마귀의 효성을 옛 사람들은 교훈으로 삼았다. 까마귀는 어미에 뿐 아니라 같은 형제끼리도 우애가 좋아 서로 보살피고 도와주는 것으로 알려져 왔다. 이렇듯 동물에게도 일정 부분 '효'의 의식이 있는 것이다.

세계적인 역사학자 아놀드 토인비(1889~1975)는 생전에 한국의 가족제도와 '효' 사상에 큰 관심을 가졌던 인물이다. 한국인의 효 사상, 가족제도에 대한 설명을 듣고 토인비는 감동한 나머지 눈물까지 보이며 '한국이 인류사회에 크게 이바지할 것이 있다면 효 사상이다. 효는 인류를 위해 가장 필요한 것이다.'라고 격찬했다.

토인비뿐 아니라 '25시' 작가로 유명한 게오르규도 1974년 한국을 방문했을 때, 한국의 효 중심 전통문화가 체계화되지 않으면 인류는 위기에 빠질 것이라고 경고했다. 이처럼 효는 우리 한국인의 정신적 핵심 가치였다. 그리하여 송강 정철은 '어버이 살아실제 섬기기를 다하여라/ 지나간 후면 애닯아 어찌하리/ 평생에 고쳐 못할 일은 이뿐인가 하노라'라고 읊었다.

그러나 지금 세계가 부러워하고 높이 평가하던 효 사상과 가족제도는 그 가치가 크게 훼손되어 있다. 심지어 가족제도는 붕괴됐고 효는 박물관에서나 찾아볼 수 있다고 개탄하는 소리가 높다. 이제 늙으면 '까마귀'나 '가물치'만도 못한 존재로 전락하여 요양원으로 가야할 상황이다.

이런 가운데 더불어민주당의 일부 의원이 '인성교육진흥법' 개정안을 준비하다 대한노인회를 비롯, 곳곳에서 반발에 부딪혔고 다행히 지금은 서랍 속으로 들어간 것으로 알려졌다. 보도된 것을 보면, 현행 '인성교육진흥법' 2조에 '핵심가치 · 덕목은 인성교육의 목표가 되는 것으로, 예 · 효 · 정직 · 존중 · 배려 · 소통 · 협동 등의 마음가짐이나 사람됨과 관련되는 핵심적인 가치 또는 덕목을 말한다.'로 되어 있는데, 여기에서 '효'를 인성 덕목에서 제외하려 했다는 것. 충효교육을 연상케 할 정도로 지나치게 전통적 가치를 우선하고 있다는 것이 제외 이유다.

물론 우리 인성교육에서 유럽이나 일본인들의 장점으로 내세우는 배려, 소통 등의 덕목이 상대적으로 덜 중시되어 왔다. 따라서 이와 같은 인성교육은 글로벌시대 시민의식으로 발전시켜야 하는 것은 당연하다. 그렇다고 효를 '예'의 범위 속에 포함시킨다는 발상은 자칫 우리의 전통적 가치를 소홀히 취급할 수 있는 우려가 있다. 따라서 대한노인회가 밝힌 바와 같이 '효는 정신적 가치로 더욱 계승 · 유지 · 발전돼야할' 우리의 소중한 문화유산이다.

지금 우리는 출산율 저하의 심각한 사태에 직면해 있지만, 이에 못지않게 65세 이상 노인 460만명 중 72%가 노후대책 없는 딱한 처지에 있으며 노인 자살률은 OECD 국가 중 1위를 차지하고 있는 슬픈 현실을 외면해서는 안 된다.

이 역시 효 문화의 실종이 오늘의 사태를 불러왔음을 부인할 수 없지 않은가. 더 이상 노인들을 슬프게 하지 말자.

중국, 의정부에 세운 '안중근 동상'은

1637년 매서운 겨울바람이 몰아치는 남한산성에서 인조 임금은 세자와 조정 대신 5백명을 거느리고 청나라 태종 앞에 이마를 세 번 땅에 닿는 굴욕적인 항복의 예를 행했다. 그러나 한 쪽에서는 항복을 반대하는 세 사람의 신하가 통곡하며 흐느꼈다. 윤집, 오달제, 홍익한. 역사는 이들을 '삼학사(三學士)'라 기록하고 있다.

청 태종은 철군하면서 이들 삼학사를 세자와 함께 인질로 끌고 가 심양에 유폐시켰다. 그러나 삼학사가 그곳에 가서도 협박과 고문에 굴하지 않자, 청 태종은 이들을 처형했다. 청 태종은 그러면서도 마음으로는 조선에서 잡혀 온 삼학사의 정신에 깊은 감동을 받았다.

그래서 그는 '삼한산두(三韓山斗)'라는 글을 써 비석을 세우게 하고 삼학사의 위대한 정신을 기리게 했다. '태산처럼 크고 북두칠성처럼 변함이 없다'는 뜻이다. 불행히도 이 비는 1960년대 '홍위병의 난' 때

파괴됐다가 지금은 가까스로 복원돼 발해대학 교정 한 쪽에 세워져 있다.

그런데 최근 1909년 안중근 의사가 만주 하얼빈역에서 일본의 이토 히로부미를 통쾌하게 저격하던 모습을 재현한 동상이 경기도 의정부시에 세워져 전국적인 관심을 끌고 있다. 그럴 수밖에 없는 것이 동상이 만들어진 계기가 시진핑 중국 주석과 박근혜 전 대통령이 2013년 6월 하얼빈 만남에서 비롯됐기 때문이다.

당시 시진핑 주석이 안중근 의사의 동상 제작을 지시했는데, 청 태종이 처형한 우리 삼학사들의 위대한 정신을 기렸던 것처럼 그도 역시 안의사의 불타는 독립정신에 감동을 받았기 때문이 아닐까?

동상을 만든 '차하일' 학회는 민간단체이지만 중국 정부의 싱크탱크 기능을 수행하는 곳이어서 더욱 그런 추측을 가능하게 한다. 특히 동상을 보는 순간, 안중근 의사의 부릅뜬 눈과 꽉 다문 입, 권총을 꺼내려는 오른팔의 힘찬 꺾임, 하얼빈 벌판에서 불어오는 북풍에 휘날리는 외투 자락…. 결연한 독립정신에 대한 경외가 느껴진다.

이 동상은 중국 하얼빈에 세워졌고 똑같은 모양의 동상이 지난 5월 인천항을 통해 우리나라에 들어왔는데도 이제야 공식 발표되고 의정부역 광장 근린공원에 세워지게 된 것. 사드 문제로 인한 중국과의 냉기류 등이 공개를 지연시킨 원인이 된 것으로 보인다.

특히 중국이 안의사 동상에 신경을 쓰는 것은 우리와 마찬가지로 중국 역시 일본의 침략에 시달리며 엄청난 고통을 겪었기 때문일 것이다. 침략의 원흉 이토 히로부미를 향해 총을 겨누는 안의사의 결연한 모습은 13억 중국인들은 생각지도 못한 것이었고 그래서 우리나라와 역사적 공감대를 형성하고 싶었을 것이다.

그렇다면 지금의 사드 문제로 빚어진 중국의 경제 보복은 너무 동떨어진 발상이다. 불과 380여 년 전 우리 '삼학사'의 절개를 기리는 비를 세운 것처럼, 그리고 이번에 안중근 의사 동상을 세운 것처럼, 한국이 비록 작은 나라이지만 이 지구상 어느 민족보다 강한 자존심을 갖고 있다는 것을 중국은 알고 있다.

그런데 중국이 북한 미사일 방어를 위한 사드 때문에 한국을 찾고 싶어 하는 관광객의 발길을 끊어버리고, TV에서 한류의 프로그램을 지우며 중국 진출 한국기업에 보복을 가하는 것은 대국답지도 않고 한국과 역사적 공감대를 형성하는데도 역행하는 것이다.

부디 의정부시에 안의사 동상이 세워지는 것을 계기로 중국은 우리의 좋은 이웃으로 다가오길 바란다.

의원인지,
회사원인지…

미국 최고의 극작가로 이름을 날린 밀러의 대표작은 아무래도 '세일즈맨의 죽음'일 것이다. 주인공 윌리는 30년 넘게 회사원으로서 치열한 경쟁 속에서 살아왔다. 회사에 공헌했다는 자부심도 지니고 있었으나, 어느 날 갑자기 해고를 당하면서 30년 세일즈맨 삶의 참담한 붕괴를 겪게 된다.

결국 그는 낙오자 생활을 하고 있는 두 아들에게 보험금을 남겨주기 위해 자동차를 과속으로 질주, 자살로 생을 마감한다. 이와 같은 세일즈맨의 죽음에 대해 동정을 금할 수 없지만, 또 한편으로 숭고한 인간애를 느끼게 한다.

지난달 자유한국당 여의도연구원이 개최한 토론회에서 발표에 나선 한 정치인이 "과거엔 초·재선 의원들이 정풍운동도 했는데 지금은 국회의원직을 즐기는 사람들만 있다."고 지적했다. 그러면서 그는 "국회의원인지 회사원인지 모르겠다는 푸념이 나온다."고 요즘의 정치 상황을 개탄했다.

말하자면 국회의원 노릇을 제대로 못하고 회사원(세일즈맨) 같다는 뜻이다. 순간 떠오르는 것이 세일즈맨이 어때서냐는 물음이다. 밀러의 희곡 '세일즈맨의 죽음'에 나오는 윌리가 아니더라도 오늘 우리의 회사원들은 치열하게 살고 있다. 윌리처럼 어느 날 갑자기 해고 통보가 날아올지 몰라도 그 순간까지 가정을 희생하면서 회사에 충성을 다하고 있다.

그런데 우리 국회의원 가운데 이처럼 눈물겨운 희생을 하고 있는 사람이 얼마나 있을까? 정말 우리 국회의원들, 특권의 늪에서만 살지 말고 맨발 벗은 샐러리맨의 밑바닥 길을 뛰어야 한다.

물론 과거 국회의원들의 소위 '정풍운동'이 없었던 것은 아니다. 가장 주목받은 것으로는 1979년 10 · 26후 민주공화당 박찬종, 오유방 의원 등이 중심이 되어 벌인 권력형 부정부패 척결, 정당의 민주화운동 등이 그것.

지난해에도 한 국회 예비후보가 정풍운동을 들고 나왔었는데 그 내용이 관심을 끌었다. 반값 세비, 국회의원 공항 귀빈실 이용 반대, 선수(選數) 우선주의 폐지 등이 그것이었다. 하는 일에 비해 세비가 너무 과다하여 국민들에게 괴리감을 주고 있고, 능력에 상관없이 국회 직책을 다선의원 중심으로 짜이는 것도 폐지하자는 것이었다.

그 후에도 자유한국당 재선의원들이 지난 7 · 3 전당대회를 앞두고 '친박 2선 후퇴' 등을 들고 나왔지만 대세를 이루지는 못했다.

왜 이들의 정풍운동이 불길처럼 타오르지 못하고 쉽게 사그라지는 걸까? 누구나 정풍운동에 대해 이의가 없다. 국회의원의 특권을 내려놓자는데 반대할 사람이 있는가? 65세만 넘으면 평생 월 120만원의 연금을 준다면 모두 고개를 돌릴 것이다.

청주에 물난리가 났는데도 외유를 떠난 한 지방의원은 "왜 국회의원의 외유는 문제 삼지 않고 지방의원만 가지고 시비냐?"고 항변했다. 이처럼 국회의원의 특권에 대한 국민의 불만은 한 둘이 아니다. 그런데도 그것을 바로잡자는 횃불은 쉽게 꺼지는 것일까? 한마디로 관건은 누가 그 운동을 주도하느냐 하는 것이다.

국회가 한다면 초 · 재선급이 아니라 중진급 의원이 나서야 한다. 정파를 떠나 정치적 이해관계 없이, 역사에 남을 일을 한다는 사명의식을 가진 인물이 '정풍'의 깃발을 들면 국민들은 박수를 보낼 것이다. 국회개혁-국민들은 고대하고 있다.

강남 '큰 손', 세종시를 흔들다

지난 7월 22일, 세종시의 상징이 된 중앙 호수공원 광장에서 세종시 착공 10년, 세종시 출범 5년을 기념하는 축하식이 성대하게 개최됐다.

이날 기념식에서 이낙연 국무총리는 '국무총리'에 앞서 세종시민으로 소개되어 박수를 받았고, 이어 '세종시를 행정수도로 만드는 모든 노력을 기울이겠다.'는 인사말을 했다. 이 곳 출신 이해찬 국회의원은 내년 지방선거 때 개헌안을 동시에 투표할 텐데 세종시로 국회와 청와대를 이전하는 안을 올리겠다고 했다.

친노 좌장에 노무현 정부에서 실세 국무총리를 지낸 관록 때문에, 그의 이 같은 말은 참석한 세종시민들의 뜨거운 박수를 받기에 충분했다. 이어 터지는 불꽃놀이는 세종시민들의 마음을 한결 설레게 했다.

이와 같은 세종시의 분위기는 지난 대선 때부터 조금씩 부풀어 오르기 시작했다. 대선후보 모두가 한결 같이 세종시의 행정수도 완성 또는 국회 분원 이전 등을 공약으로 내세웠기 때문이다.

이런 분위기 속에 땅값이 오르고 집값이 오르는 것은 당연한 현상인지 모른다. 금년 상반기 전국 땅값이 평균 1.8% 오른 것에 비해 세종시는 3%나 뛰었다는 사실이 그걸 증명한다.

아파트 분양율도 전국 최고다. 보도에 의하면 전용 면적 98㎡ 아파트가 7억 1천만원에 거래됐고, 지난해 12월부터 5개월간 3억 6천 500만원에 거래가 이뤄졌던 것이 지금은 4억 3천 300만원에 거래되기도 하고, 세종시에서 가장 비싼 곳으로 알려진 소담동 S아파트는 전용면적 167㎡이 13억원에 거래됐다고 한다. 이와 같은 거래 형성은 앞으로 행정자치부와 미래창조과학부, 국회 분원 이전 등이 진행되면 더욱 활기를 띨 것으로 보인다.

그런데 여기에 주목해야할 것은 서울 강남의 '큰 손'이 거래의 중심을 이루고 있다는 이야기가 나돌고 있는 것이다.

연합뉴스는 최근 한 보도에서 6월 2일부터 사흘 동안 서울에서 손님들이 몰려와 도램마을 1단지에서만 8채를 사갔다는 한 부동산 중개업자의 말을 소개했다. 또 어떤 아파트는 2014년 6월 분양가가 3억 2천만원이었는데 7억원 이상에 거래돼 프리미엄이 3억9천만원, 그러니까 프리미엄이 분양가보다 높은 사태에까지 이르렀다는 것이다.

정말 강남 '큰 손'은 마이다스의 손인가? 자신이 만지는 것은 모두 황금이 되는 손, 심지어 가족의 몸까지도 손을 대는 순간 황금덩어리로

변하는 손-그 마이다스의 손이 지금 세종시에 나타났다는 것.

최근 강남 '큰 손'은 글로벌화 되어 채권금리가 높아지고 있는 필리핀 국채에 손을 대는가 하면, 베트남 증시에까지 대거 진출하고 있다는 뉴스가 나오는 가운데 이제 세종시 부동산에까지 손을 대는 것으로 보인다.

강남의 '큰 손'은 더욱 크게 영역을 넓힐 것이라는 게 이곳 부동산 업계의 전망이다. 무엇보다 세종시의 인구가 지금 26만명을 넘어섰지만, 개발이 완료되는 2030년에는 80만명으로 확대되기 때문에 주택의 수요 역시 대폭 증가할 수밖에 없다는 것이다.

거기에다 세종시의 문화, 교육, 의료 등 각종 인프라는 하루가 다르게 발전하여 인구 흡입 효과를 배가할 것이라는 전망이다. 문제는 프리미엄이 분양가를 초과할 정도의 부동산 과열과 투기, '큰 손'에 의해 시장이 좌우되는 것을 어떻게 막느냐 하는 것이다.

울지 마라,
외로우니까 사람이다

고종 황제의 외동딸 덕혜옹주는 우리 역사상 가장 외로운 여인이었을 것이다. 그녀는 아버지 고종의 극진한 사랑을 받고 자랐지만 일본의 식민지 굴레에서 비극적 운명을 벗어날 수가 없었다. 일본에 강제 유학을 가야했고, 원하지도 않는 남자인 대마도 도주의 후예 다케유키와 정략적 결혼을 감수해야 했다. 일본땅 대마도에서 창살 없는 감옥 같은 결혼생활을 하다보니 조발성 치매증을 앓았고 결국 이혼에, 딸까지 죽는 참담함으로 정신병원을 전전해야 했다.

조국이 해방되고 1962년 마침내 귀국했으나 지병을 극복하지 못하고 쓸쓸히 눈을 감았다. 얼마나 아픈 외로움이 그녀의 영혼을 잔인하게 찢어 놓았을까? 물론 그녀가 임금의 딸로 태어나지 않았으면 이런 비극은 없었을 것이다.

마찬가지로 지금 교도소에 갇혀 재판을 받고 있는 박근혜 전 대통령 역시 대통령의 딸로 태어나지 않았다면, 정치에 발을 들여놓지 않았을 테고, 감방에서 외로움을 삭히고 있지 않았을 것이다. 하지만 외로움, 그 운명적 고독은 반드시 남・여, 신분의 귀천에 관계없이 모든 인간에게 크든 작든 그림자처럼 붙어다니는 삶의 동반자가 아닐까?

요즘 친구들끼리 나누는 농담이 있다. "70대에 밥해줄 마누라가 있으면 행복하고, 80대에도 전화하는 사람이 있으면 행복하다." 80대에 전화 걸려오는 것이 행복일까, 생각해보면 맞는 말이다. 나이 먹어가면서 영혼에 짙게 젖어 오는 것은 외로움이기 때문이다. 병이라도 들면 더욱 그렇다. 하나 둘 가까웠던 사람들이 떠나고, 가족들도 뿔뿔이 헤어져 험난한 세상 살다 보니 혈육의 끈은 멀어지는데 이럴 때 전화 한 통화가 얼마나 큰 위안인가.

전부터 관여하던 모임에 나가 젊은 세대들과 어울려 보고 싶지만 그들이 나이 먹은 사람들을 불편해한다. 그러니 어디서 누구와 어울릴까? 경제적 여유가 있으면 여기저기 여행도 다니고, 이런 휴가철이면 휴양지에 가서 유유자적하련만 그런 형편이 못 되는 대부분의 노인들에게는 삶 자체가 외로움과의 싸움이다. 아니, 그렇게 세계여행을 하고 호화 리조트를 찾아다니는 사람들은 외로움을 모를까? 오히려 더 외로울 수도 있다. 그렇다고 외로움은 두려워해야 할 병일까. 정호승 시인은 '수선화에게'라는 시에서 "울지마라, 외로우니까 사람이다."라고 했고 "살아간다는 것은 외로움을 견디는 일이다./공연히 오지 않는 전화를 기다리지 마라./…/ 가끔은 하느님도 외로워서 눈물을 흘린다"고 했다.

이 시를 읽고 또 읽으면 외로움은 살아 있는 모든 것의 아름다움일 수도 있다는 생각을 한다. 그리고 우리 영혼의 깊은 에너지일 수 있다는 생각도…. 특히 앞의 시에서 '하느님도 외로워서 눈물을 흘린다.'에서는 감동을 느끼게 한다. 하느님은 언제 외로워 눈물을 흘리셨을까? 나는 가끔 예수님이 언제 가장 외로우셨을까 생각해 본다. 당신께서는 십자가에 못 박혀 피를 흘리고 있는데, 십자가 아래를 내려다보니 사랑하는 제자들은 다 도망치고 어머니 마리아만 눈에 보일 때가 아니었을까? 그러나 그 절망적인 외로움을 극복함으로써 예수님은 인류 구원의 사명을 이루었다. 그렇다고 외로움의 포로가 되자는 것도, 즐기자는 것도 아니다. 그저 피하고 두려워해야 할 대상으로서가 아니라 우리 영혼을 성숙시키는 에너지로 받아들이자는 것이다.

하지만 이 글을 쓰는 순간에도 전화를 기다리는 내 자신임을 어찌하랴.

세종시와 '자전거 타는 국회의원'

유명한 영화감독 빅토리오 데 시카가 메가폰을 잡은 영화 '자전거 도둑'이 첫 상영을 한 1948년쯤만 해도 자전거는 참 귀한 존재였다. 자전거를 가족 생계수단으로 살아가는 남자 주인공이 잃어버린 자전거를 찾아 아들과 함께 로마 골목을 누빈다. 그 과정에서 겪는 애환을 통해 영화는 현대인의 물질만능과 도덕적 타락상을 사실적으로 고발한다.

이처럼 가난한 서민들의 생계수단이던 자전거는 이제 도시의 주요 교통수단으로 변신을 거듭하고 있다. 가령 우리나라는 자전거가 갖는 교통부담율은 전체교통량의 2.16%에 불과하지만, 독일은 10%에 이르고 있으며, 가까운 일본은 14%, 그리고 네덜란드는 세계에서 제일 높은 27%를 차지하고 있다. 인근 덴마크, 스웨덴도 비슷하게 높은 비율을 보이고 있다.

우연히도 이처럼 자전거를 많이 타는 나라들의 국민행복지수도 세계적으로 가장 높고, 사회복지도 잘 되어 있다. 행복지수가 높고 사회복지가 잘 되어서 자전거를 많이 타는 것인지, 자전거를 많이 타서 행복한 것인지는 잘 모르지만 모두 다 사실이다.

사실 네덜란드나 덴마크, 노르웨이 등 북유럽을 다녀온 사람들은 누구나 거리를 가득 메운 자전거 행렬을 보고 깊은 인상을 받는다. 심지어 국회의원들마저도 자전거로 출퇴근하는 모습에는 눈을 크게 뜬다. 우리나라 국회의원들이 번쩍이는 대형 검정 세단에 비서를 거느리고 다니는 모습만 보아온 탓이다. 특히 덴마크 국회의사당 주차장에 가득 세워진 것은 승용차가 아니라 오히려 자전거라는 사실에는 절로 감탄사가 나올 수밖에 없다.

물론 우리나라도 자전거 타는 국회의원으로 화제가 됐던 사람이 있다. 17대 열린우리당 소속 국회의원이었던 박찬석씨. 그는 경북대 총장 때도 자전거로 출퇴근을 하여 뉴스가 되곤 했는데 2005년 국회에 들어와서도 '자신은 자전거를 위해 국회에 들어왔다.'고 할 정도였다. 아쉽게도 그 이후 자전거 타는 국회의원 이야기는 이어지질 못했다.

하지만 지금 공론화되고 있는 세종시로 국회 분원이 이전된다면 앞으로 세종시에서는 자전거 타는 국회의원을 많이 볼 수 있을 것이다. 특히 세계적인 추세에 따라 세종시에서는 '자전거타기 좋은 도시'를 적극 추진, 52.4%에 달하는 풍부한 녹지공간을 살려 세계 최고의 자전거 인프라를 구축하고 있어 어디서나 손쉽게 자전거 접근이 가능하기 때문에 국회의원들이 자전거 타는 모습을 흔하게 볼 수 있을 것 아니냐는 것.

특히 정부청사가 있는 신도시는 자전거 교통분담율이 20%에 달할 것으로 보여 북유럽 수준이 된다는 전망이다. 그렇게 하기 위해 자전거 도로망 확장, 특히 수변공간에 '자전거 고속도로'를 설치하게 되면 오히려 북유럽을 능가하는 쾌적한 자전거 천국이 될 것이다.

무엇보다 세종시의 평탄한 지형과 금강을 끼고 있는 수변도로, 그리고 평균 3㎞의 통행거리 이내에 정부청사는 물론 상업 · 공공시설 등 주요시설이 전개돼있다는 점이 모두가 자전거를 이용하기 좋은 인프라를 갖고 있다는 것이다.

이미 세종시에 있는 정부청사 공무원들의 자전거 이용률이 증가하고 있음이 이런 인프라의 효과를 보여주는 것이라 하겠다.

온실가스의 21%가 교통량에서 발생한다는 보고가 있는 만큼 지구를 살리는 환경운동 차원에서도 국회의원들이 자전거 타는 시대가 빨리 왔으면 하는 바람이다.

제5장

간신과 충신

대통령 발길 뜸해진 독립기념관

'우리가 조선을 강제로 합방하지 않았고, 조선이 원해서 합방을 했다.' '독도는 일본의 고유 영토인데 한국이 불법 점거하고 있다.'

1982년 일본의 역사 교과서는 이렇게 왜곡으로 세상에 민낯을 드러냈다. 그들이 아시아를 침략한 것도 '침략'이 아니라 아시아 해방을 위한 '진출'이라고 표현했고, 그들이 끌고 간 우리 여성들의 위안부 문제 등, 그 심각한 역사 왜곡에 온 국민이 분노하였다.

그리하여 이런 국민적 분노 속에 잉태된 것이 천안에 세워진 독립기념관. 독립정신의 뜻을 기리고, 우리 조상들의 피맺힌 독립 투쟁의 역사를 체계적으로 보여주자는 것이었다. 설립 위치 역시 3·1 운동 당시 유관순열사가 소녀의 몸으로 만세운동을 일으켰던 무대, 천안 아우내 장터 바로 그 피로 젖은 땅이 한눈에 내려다보이는 흑성산 남쪽 양지바른 언덕이다.

건설비는 국민 모금으로 충당했는데, 초등학생들의 고사리 손에서부터 해외에 나가 있는 근로자에 이르기까지 뜨거운 열기 속에 490억원이 모아졌다. 지금의 화폐 가치로는 몇 천억 원이 될 거금이었다.

국민의 염원을 담은 독립기념관은 시작 4년만인 1986년 개관 예정이었으나 그해 다음달 4일, 갑작스런 화재로 공사가 지연돼 1년 늦게 1987년 8월 15일 광복절을 맞아 역사적인 개관식을 가졌다.

9만여 점에 달하는 독립운동 사료(史料)들이 모아졌고, 체험장과 야영장까지 모든 세대들이 공유할 수 있는 시설을 갖추었으며 특히 기념관 정면에 세워진 '겨레의 탑'은 그 웅비함이 민족의 간절한 염원과 기도가 하늘을 향해 치솟는 것만 같다. 바로 이 '겨레의 탑'을 앞에 두고 이곳에서 해마다 거행되는 3 · 1절 기념식이나 8 · 15 광복절 기념식은 그래서 그 어느 곳보다 깊은 감동을 주기 마련이다.

특히 1987년 첫 해의 광복절 기념식에 당시 전두환 대통령이 참석한 이후 노태우, 김영삼, 김대중, 노무현, 이명박 대통령에 이르기까지 3 · 1절이나 광복절 기념식에 참석하여 그 뜻을 높였다. 김영삼 전대통령은 1995년 식목일 행사까지도 이 곳 독립기념관에서 가질 정도로 관심이 컸고, 그해 중국에 가서는 정상회담 때 '일본의 버르장머리를 고쳐 놓겠다.'고 한 발언 때문에 파장을 일으키기도 했다.

그런데 이명박 전대통령 때는 5년 임기중 3 · 1절 기념식에 두 번 참석했을 뿐, 그 후부터는 광복절의 대통령 참석은 뚝 끊어졌다. 그러니까 대통령으로서 천안 독립기념관에서의 광복절 기념식 참석은 2004년 노무현 전대통령이 마지막인 셈.

대통령의 발길이 뜸해지면서 이 곳을 찾는 입장객도 한 때 연간 300만 명에 이르던 열기가 식어가고 있다. 독립기념관 설립 때보다 일본의 역사교과서 왜곡이 더욱 심각해지고 독도에 대한 생떼도 커지고 있는데….

물론 독립기념관 측도 이 때문에 해외에까지 '찾아가는 독립기념관' 프로그램을 진행하고 있다. 2009년 중국 상하이를 비롯해 2014년 하노이와 호치민에 이어 올해는 인도네시아 자카르타에서 독립운동사 자료전시, 체험활동, 홍보영화 상영 등을 통해 해외교포들 특히 자라나는 청소년 세대에 조국의 얼과 나라사랑 정신을 심어주는 성과를 올리기도 했다.

그러나 더 중요한 것은 초창기 독립기념관에 가졌던 그 열기를 되살리는 길이다. 그래서 올 해 8 · 15 광복절 기념식에 문재인 대통령이 참석할 것인지가 관심을 일으킬 수밖에 없다. 만약 대통령이 참석한다면 그 자체로 독립기념관이 갖는 민족의 염원에 불을 지피는 계기가 될 것이다.

신설 벤처기업부 장관, 중요하다

러시아 사람들은 '길을 갈 때 먼 길은 혼자서 가지 말라.'는 속담이 있다. 미국인들은 '갔던 길을 다시 가지 마라.'하고, 독일인들은 '또 다른 길이 있는지 생각하고 출발하라.'고 한다. 우리나라에도 '아는 길도 물어가라.'는 말이 있다.

이렇듯 우리는 새로운 길을 찾는 것을 금기시했고 불안하게 생각했다. 어느 때 그로 하여 무슨 변고를 당할지 모르기 때문이다. 그래서 무조건 '아는 길도 물어가는 것'이 제일 속편한 방법이 아니었을까. 하지만 다행스럽게도 '은둔의 문화'를 과감히 떨쳐내고 1960~70년대 경제기적을 이룬 것은 우리 민족의 새로운 길을 찾는 가능성을 보여준 것이라 하겠다.

과연 어떻게 모두가 금기시했던 외국자본을 과감히 끌어들여, 기름

한 방울 안나는 나라에서 중화학 공업을 일으켰고 세계시장을 뚫었는지 놀랍기만 하다. 그렇다. 경제를 일으키는 것도 새로운 길을 찾아나서는 정신이 필요하다.

1990년대 후반부터 바닥으로 추락하는 미국 경제를 일으킨 것이 벤처기업이었고, 그 중심이 실리콘밸리였듯이 지금 대한민국의 침체에 빠진 경제를 도약시키는 길 역시 제4차 산업혁명, 특히 벤처기업에서 찾아야 한다.

물론 '벤처'는 그 말의 뜻처럼 모험성이 높고 그래서 실패율도 크다. 그러나 그것이 두려웠다면 오늘날 미국의 마이크로 소프트나 애플 같은 세계적 기업이 출현할 수 있었을까.

우리도 서울의 테헤란로가 말해주듯 이 분야에 열정적으로 뛰어든 때가 있었다. 그러나 지금 '테헤란로의 불이 꺼졌다.'는 소리가 나올 만큼 우리의 벤처산업은 거품과 도산 등 시련을 겪었고, 그러면서도 희망의 끈을 놓지 않고 중대한 국면 전환을 위해 몸부림 쳐왔다.

이미 인천의 송도밸리는 주위의 생산시설과 필요한 인프라를 갖추고 있어 대한민국 벤처의 희망이 되고 있으며 대전시는 지난 대선 당시 '대전을 대한민국 실리콘밸리로 육성하겠다.'는 문재인 대통령의 공약으로 한층 고무되어 있다.

경상남도 창원시 역시 벤처산업의 선도 역할을 자임하고 나서는 등 지방 곳곳에서 벤처에 대한 열풍이 일어나고 있다. 이와 함께 문재인 정부에서 중소기업과 벤처를 다룰 '중소벤처기업부'를 신설하겠다고 나섬으로써 미국의 실리콘밸리 같은 첨단과학산업도시가 곳곳에 들어설 것으로 보인다. 결국 이것이 새로운 경제 도약과 일자리 창출에 결정적 출구가 되어야 할 것이다.

그러나 문제는 간단치 않다. 미국의 실리콘 밸리는 거듭 진화했는데 우리는 옛 모델에 매달려서는 안 된다. 실리콘밸리의 중심 축이 IT였으나 이제는 DT(Data Technology)로 옮겨지고 있다. 바둑에 알파고가 등장했고, 드론과 무인자율주행 자동차가 나날이 새로워지고 있으며 산업현장에는 로봇의 역할이 확대되고 있다.

게다가 거대한 공룡 같은 중국과 인도가 총력적으로 벤처산업을 추격해오고 있어 긴장을 풀 수 없다. 연구진의 확보, 자금과 정보의 지원체계, 그리고 주위에 생산시설이 갖추어지지 않으면 모처럼 불붙은 벤처의 열풍이 장관자리 하나 늘리는 것으로 끝날 수 있다.

그래서 이번 문재인 정부에서 야심적으로 시도하는 중소벤처기업부 장관은 전문성과 함께 새 항로를 개척하려는 뜨거운 열정이 있는 인물이 돼야 한다.

'서편제'와 한풀이 정치

우리의 '소리' 문화는 한(恨)에 뿌리를 두고 있다. 특히 임권택 감독의 영화 '서편제'와 '에밀레종' 전설은 '소리'라는 주제에 한이 처절하게 녹아있다.

'서편제' 영화 속의 유봉(김명곤 분)은 송화(오정해 분)에게 소리를 뽑는 가혹한 훈련을 시킨다. 송화의 판소리가 상당한 경지에 이르렀으나 유봉은 만족하지 않고, 그 무엇의 부족함에 가슴을 태운다. 마침내 송화의 두 눈에 청강수를 떨어뜨려 눈을 멀게 한다. 소리를 위해 눈이 먼 그녀는 완벽한 서편제 소리꾼이 된다. 그 목소리에 '한'이 젖어든 것이다.

에밀레종 소리에 얽힌 전설 역시 너무 처절하다. 국보 29호인 에밀레종의 공식 이름은 성덕대왕신종. 1200년 전 신라 때 만들어진 이 종은 몇 번을 거듭해도 아름다운 소리가 나오지 않았다.

그래서 한 예언자의 계시대로 어린 소녀를 펄펄 끓는 청동 가마에 산 채로 던졌더니 비로소 끊어질 듯 이어지는 신비의 소리가 울려 퍼졌다는 것이다. '웅웅…'하는 종소리에는 엄마를 부르는 소녀의 외침이 배어있다는 것이고, 그 '한의 소리'를 세계가 감탄하고 있으며 이 특별한 음향학적 기술은 아직도 수수께끼로 남아있다.

사실 서편제나 에밀레종과 같은 '소리의 한' 말고도 우리의 역사와 문화 속에 넓고 깊게 '한'이 자리 잡고 있다. 강대국의 끊임없는 외침 속에 살다보니 그렇게 됐고, 모진 가난, 신분사회, 그리고 남녀 차별이 '한'을 쌓이게 했다.

정치도 '한의 문화'가 갖는 용광로에 녹아 '한국적 정치 형태'를 만들어내고 있다. 며칠 전 민주당 우원식 원내대표는 야당과의 국회정상화, 특히 추경 합의가 불발로 끝나자 눈물을 보이며 야당을 '국정 발목잡기'라고 비난했다. '국정 발목잡기'니 '정치 공세'니…, 참 익숙한 말이다.

박근혜 정부 때는 민주당이 발목을 잡고, 국회 선진화법에 묶여 시급한 민생문제가 한발짝도 움직이지 못하고 있다고 비난하더니…. 장관들의 인사청문회도 마찬가지. 박근혜 정권 시절, 문창극 국무총리 후보자는 교회 강연에서의 내용이 친일적이라는 이유로 야당은 총리 인준을 강력히 반대했고, 결국 낙마했다. 사실 그 내용은 상당부분 왜곡된 면이 많았음에도 당시 분위기는 막무가내였다.

그에 앞서 김병준 국민대 교수는 교육부총리로 청문회까지 통과되었으나 지금 교육부총리에 지명된 김상곤 전 경기도교육감(당시 전국교수노동조합위원장)으로부터 강력한 사퇴 압력을 받았다. "도덕적으로나 교육적으로나 학생들의 교육을 지휘감독하고 교수들의 연구를 촉진해야할 교육부총리로서의 자격을 상실했다."는 것.

결국 그는 며칠을 버티지 못하고 사퇴했는데, 이번에는 공수가 뒤바뀌어 김상곤 교육부총리 후보자가 역시 똑같은 의혹(논문 표절)으로 야당으로부터 사퇴압력을 받고 있다. 이래서 '내로남불(내가 하면 로맨스요, 다른 사람이 하면 불륜)'이라는 신조어가 생겨났다. 여당 할 때 다르고, 야당 할 때 다르다는 결국 '한풀이 정치 형태'를 말하는 것이다.

이렇듯 '한풀이 정치'로는 조선왕조의 비극적 당쟁사가 웅변해주듯, 정치의 미래는 없다. 야당이 여당이 되고, 여당이 야당이 돼도 '서편제'처럼 멀쩡한 눈에 극약을 넣어 장님을 만들어서까지 '한'을 찾는 정치는 이제 끝내야 한다.

정치도 농사도 물갈이가 생명이다

농부는 논에 물이 가득한 것을 보면 흐뭇해한다. 벼농사는 물이 생명이기 때문이다.

그런데 실제로 논에 물을 가득 담는 것은 잔인(?)한 면도 없지 않다. 논바닥에 잡초가 숨을 못 쉬게 공기를 차단하는 것이고 그래서 잡초는 한동안 압사를 당하는 것이다. 그러다가 물을 빼게 되면 논의 흙에 공기가 스며들어 산소가 침투되는 효과를 보게 된다.

이때는 앞서 물을 가득 담았던 것과는 달리 바닥에 실금이 생길 정도로 거의 말라 버리게 내버려 두는데 이쯤에서 벼 포기가 17개에서 25개 이상 벌어진다. 그러면 벼의 생육이 억제되고 그 대신 여러 영양분이 벼이삭으로 오른다.

잠시 후 다시 논에 신선한 물을 가득 채워 벼를 튼튼하게 만드는데 그래야 웬만한 바람에도 쓰러지지 않는 벼가 된다. 그리고 따가운 햇

살을 받으며 맛있는 알곡을 수확할 가을을 기다린다. 이것이 물갈이다. 이 물갈이가 제대로 잘 이뤄지고 비와 바람, 태양과 조화를 어떻게 형성하느냐에 따라 풍작과 흉작이 판가름 난다. 그리고 물갈이가 실패했을 때, 그것을 '물갈이 망조(亡兆)'라고 한다.

정권이 바뀌어 물갈이를 하는 것도 논농사의 그것과 같다. 이런 뜻에서 역대 정권 중 YS(김영삼 전대통령)시절만큼 속시원한 물갈이는 없었다. '개혁'이라는 이름의 물갈이에서 YS는 군을 주름잡던 '하나회'를 해체하고, 하루아침에 별 50여 개가 떨어져 나갔으며 대민업무를 담당하던, 그리하여 비리의 온상으로 지목되는 부서 70%를 교체시켰다.

전격적으로 단행한 금융실명제는 음산하게 뻗쳐있던 지하경제, 특히 음성적 정치자금을 차단하는 길을 열었다. 가히 혁명적이었다. 그 과정에 전두환, 노태우 두 전직 대통령까지 법정에 세웠으니 '혁명적'이라는 소리가 나올 만 했다. 그러나 YS의 임기가 본격화되면서 인기 없는 정부가 되었고 끝내 국가를 IMF의 터널 속에 던진 채 막을 내린 것은 왜일까? 논에 물을 빼서 바닥의 흙 속에 신선한 산소가 배어들게 하고 벼 포기를 튼튼히, 그리고 포기의 숫자가 불어나게 하는 물갈이의 후속조치에 실패했기 때문이다.

이것이 중요하다.

누구나 논에 물을 댈 수는 있다. 그러나 때를 맞춰 물을 빼고, 다시

물을 채우는 것은 아무나 할 수 없다. 말하자면 그 물갈이가 국민들 가슴 속에 스며들어야 하고 공감을 얻어야 한다는 것이다. 지금 문재인 대통령의 인사, 특히 낙마하긴 했지만 안경환 법무장관 후보 등에 국민들은 '물갈이'를 통해 신선함을 느끼고 있을까? 물갈이가 아니라 같은 이념, 같은 진영으로 채워진 무대의 배우 교체 정도로만 느낄까?

우리가 솔직히 이에 대한 대답을 망설일 때 프랑스에서 날라온 총선 소식은 명쾌한 답변을 제시했다. 올해 40세의 젊은 마크롱 대통령이 만든 '레퓌 블리크 앙 마르슈(전진하는 공화국)'의 압승이다. 그가 대통령에 당선됐을 때는 원내의석 0. 그런데 이번 총선에서 566석 중 70%에 가까운 400석 또는 그 이상도 할 가능성이 있다. 어떻게 이런 놀라운 승리가 가능했는가?

그것은 마크롱 대통령이 보인 물갈이 솜씨다. 이념이나 진영논리로 장관을 임명하지 않고, 진보와 보수를 가리지 않는 통합의 정부를 구성하는 것에 국민적 감동을 얻은 것이다. 이 신선한 물갈이에 프랑스 정치를 양분해 온 사회당과 공화당은 무너질 수 밖에….

우리에게는 이것이 불가능한 것일까?

비상 걸린 서해 어족자원

여름 피서철이 되면서 바다의 상어 출현이 관심을 끌고 있다. 제주도 인근 수역에서 자주 목격되어 왔는데 지난해는 동해, 즉 영덕 앞 바다에서 24t 어선에 길이 150cm의 청상아리가 걸렸다.

특히 근래 들어 서해안에까지 백상아리가 목격되는데 이는 기후 변화에 따른 해수온의 상승이 가장 큰 원인으로 보인다. 백상아리가 수온이 오르는 서해를 출산장소로 택하는 것이고, 바다 생태계의 변화에 따라 동해의 오징어 떼가 서해로 옮겨지며 이를 먹잇감으로 하는 돌고래가 이동하면서 역시 상어가 뒤따른다는 것이다. 그래서 서해 바다는 4~8월, 상어의 출현에 해수욕객들의 주의가 필요하다.

하지만 요즘 서해는 상어보다 더 무서운 현상이 벌어지고 있다. 최근 모 TV방송에서 일부 어부들이 소위 '모기장 그물'로 서해의 어족자원을 깡그리 쓸어버리는 뉴스가 있었다. 물론 서해의 우리 어장을 불법적으로 싹쓸이 하는 가장 큰 주범은 중국 어선들이다. 지난 해 우리 해경이 단속한 중국어선의 불법조업 건수가 405건에 달한다는 사실이 그것을 증명한다.

그런데 TV에 나온 불법조업의 주연들은 중국 어선이 아니고 우리 어선들이었다. 단속선이 나타나자 도망치는 것도 중국 어선이 아니라 우리 어선이었고, 심지어 고기가 가득 잡힌 그물을 통째로 바다에 버리고 도망치는 어선도 있었다. 이렇게 버려진 그물과 어구들이 바다 속에 가라앉아 해양오염은 물론 항해하는 선박에까지 위험이 되고 있음은 물론이다.

원래 그물코의 길이는 2.5cm. 그런데 이날 TV에 방영된 그물코는 5mm. 허가된 크기보다 다섯 배나 작게 만들어 어부들은 이것을 '모기장 그물'이라고 부르는데 실제로 모기장같이 작은 치어까지 모조리 잡히게 된다. 물론 치어를 잡는 것은 불법이다.

하지만 그 어린 새끼들까지 싹쓸이하는 바람에 그물에 걸린 치어들이 고기로 보이지 않고 물처럼 출렁거린다. 어떻게 이렇게 무자비할 수 있을까? 결국 이것은 서해바다만 죽이는 것이 아니라 남해는 물론 제주도 인근 수역까지 해양 생태계를 교란시킨다. 그런데도 이들은 어쩌자고 모기장 그물을 사용하는 것일까?

이날 방영된 TV에 그 대답이 나온다. 촘촘한 그물이어서 곤쟁이나 까나리 치어 등 모든 잔고기까지 다 잡아 큰 것은 어판장으로 보내고, 작은 치어들은 그 자리에서 호스로 빨아들여 트럭에 싣고 사료공장으로 직행한다.

그러니까 대답은 돈. 가끔 단속에 걸려도 벌금이 워낙 낮아 실효성이 없고, 그나마 단속의 손길이 거의 미치지 못하고 있다. 이렇게 하여 하루에도 수백 t의 어족들이 서해바다에서 씨를 말리고 있는 것이다.

그렇잖아도 우리의 수자원은 날로 심각한 위기를 맞고 있다. 해수면의 온도 상승으로 해파리 떼의 출몰에 녹조, 적조 현상, 특히 산호초의 백화현상도 심각하다.

산호초의 백화현상은 수온이 30도를 넘으면 발생하는데 그것이 곧 바다 생물의 보금자리, 먹거리를 위협하기 때문에 매우 위협적인 것이 아닐 수 없다. 거기에다 쌍끌이로 대표되는 저인망 어업의 확장 등에 '모기장 그물' 어업까지 밤낮없이 이루어지니 우리 바다는 그저 죽어갈 수밖에 없는가?

물론 정부와 지방자치단체에서는 해마나 수천억 원을 들여 치어를 방류하는 등 어족 보호를 위해 노력하고 있다. 그러나 이와 같은 노력도 '모기장 그물' 어업 같은 싹쓸이 어업으로는 '한강에 돌 던지기'에 불과하다. 하루 빨리 비윤리적이고 반자연적 어업형태를 바로잡아야 할 것이다.

왕과 바둑, 알파고와 바둑

우리나라 역사상 최고로 지능적이고 전략적인 '스파이'하면 고구려 스님 도림을 꼽는다. 그는 장수왕 때 고구려를 치려고 열심히 준비중인 백제를 무너뜨리라는 특명을 받고 지금 서울 송파구 풍남토성에 있던 백제 수도로 밀파된다.

도림 스님은 백제의 개로왕이 바둑을 무척 좋아하는 것에 착안, 바둑을 통해 궁궐에 접근하는데 성공했고, 그의 뛰어난 바둑 실력은 곧 개로왕에게 알려져 자주 대국을 벌였다. 대국의 횟수가 늘어나자 왕은 도림 스님이 고구려에서 파견된 스파이라는 것도 모르고 그를 왕궁에 모시게 했다. 그리고 마침내 국사는 돌보지 않고 밤낮 도림과 바둑을 두며 세월을 보냈다. 바로 그가 스파이로 파견된 것도 이 때문이 아닌가.

더 나아가 도림은 개로왕으로 하여금 고구려 침공을 포기하게 만들고, 나아가 호화 궁궐을 신축하는 등 필요없는 토목공사에 국력을 쏟게 하였다. 도림은 백제를 이렇게 어지럽혀 놓고 홀연히 고구려로 도망가 장수왕에게 모든 것을 보고했다.

장수왕은 '바로 지금이다'라고 판단, 남침을 감행하여 백제가 차지하고 있던 한강 유역을 모두 빼앗았고 백제 개로왕은 지금의 서울시와 구리시 사이에서 전사했다. 그리고 그 아들 문주가 남하하여 공주(웅진성)에 새 도읍을 정하였으니 바둑에 빠진 부왕 때문에 나라를 위기로 몰아넣은 것을 얼마나 원망했겠는가.

이렇듯 백제는 임금에서부터 백성에 이르기까지 바둑을 무척 좋아했다. 얼마나 백제가 바둑을 좋아했는지 의자왕이 왜(倭) 조정의 실력자 후자와라 노가마타리에게 바둑판과 바둑알을 보냈다는 기록을 보아도 알 수 있다.

이때 백제가 보낸 바둑판의 원목이 스리랑카 산이고, 바둑알도 절반이 상아인 것을 두고 이건 백제의 것이 아니라 중국 것이라는 이견을 내놓은 학자도 있다. 그러나 한국전통문화대학의 이도학 교수는 이미 이 무렵 백제는 동남아에 이르기까지 해상교류가 활발한 나라였고, 그래서 스리랑카나 태국 등에서 바둑판과 바둑돌의 원자재를 충분히 조달할 수 있었다고 주장해 일본 바둑의 '중국설'을 강력히 반박하고 있다. 뿐만 아니라 이교수는 일본에 전해준 바둑판의 17개 화점 숫자는 중국 바둑판과는 전혀 다르다며 의자왕의 바둑판은 백제 제작이 명백하다고 강조했다.

또 일본에 전해진 바둑판 모서리에 그려진 6마리의 낙타를 두고, 백제에 어떻게 낙타가 있느냐, 이건 중국 것이라고 하는데 이도학교수는 "일본서기에 백제로부터 낙타를 선물로 받았다는 기록이 두 번이나 나온다. 이것을 어떻게 설명하겠느냐?"며 반박한다. 그러니까 무의식 중에 우리들 문화는 얕잡아 보고, 중국 위주의 '문화적 사대사상'이 은연중에 지배하고 있는 것 아닌지 우려하는 것이다.

요즘 중국에서 개최됐던 중국 제1의 바둑왕 커제와 알파고의 치열한 대국이 세계적으로, 특히 한 · 중 · 일에서 큰 충격을 주고 있다. 세계 챔피언 5명이 머리를 싸매도 알파고는 꿈쩍하지 않았다는 것이다. 우리나라 이세돌과의 대결 후에도 알파고는 꾸준히 진화했다는 이야기다. 그렇다면 이와 같은 인공지능의 진화는 어디까지 갈 것인가?

국가대표팀의 한 감독은 알파고의 착점을 보면서 "바둑을 다시 배워야할 것 같다."고 고백했다는 보도를 보고 섬뜩함마저 느꼈다.

중국의 커제 역시 '알파고에게 약점이 없었다.'고 했는데 이것이야말로 바둑을 통해 인공지능이 던지는 무서운 메시지일 것이다. 약점 없는 인공지능이 지배하는 앞으로의 시대는 행복일까 불행일까. 우리도 제4차 산업혁명을 서둘러야 할 것 같다.

비정규직은 리모컨이 아니다

경기일보 5월 16일자의 두 기사는 우리 사회가 안고 있는 깊은 생채기를 끄집어낸 것 같다. 하나는 1면 머릿기사의 '우리는 리모컨이 아니다'며 비정규직의 절규를 전한 것이고, 다른 하나는 이연섭 논설위원이 '기간제 교사'의 아픔에 대해 쓴 것이다. 정말 우리는 어느 사이에 '비정규직'이니 '기간제 교사'니 하는 말만 들어도 황사와 미세먼지에 찌든 하늘을 보는 것처럼 시야가 흐려진다.

경기일보 보도에 따르면 경기도 산하 최대 규모 공공기관 이사장이 취임 두 달 만에 여비서 3명을 교체했는데, 그 중에는 단 하루 만에 자리를 떠나는 등 보기 드문 사태가 벌어졌다. 물론 이들은 모두 비정규직이다.

그런데 더욱 충격적인 것은 여비서들이 사용하는 컴퓨터에서 발견된 문서의 내용이다. '이사장 업무사항 고충'이라는 제하의 이 문서에는 주말인데도 운전기사 불러서 사우나를 하고, 사우나 하는 동안 운전기사는 대기하는가 하면, 책상 위에 리모컨이 있음에도 비서에게 TV 전원 켜 달라, 채널 변경해라, 영문 이메일 워드 작업 요청 후 마음에 안 들면 짜증과 고함을 지르고 심지어 원고를 던지거나 찢는다는 것.

우리는 이와 같은 비정규직이 겪고 있는 불평등과 갑질 논란에 대해 익히 보고 들어왔다. 정말 비정규직은 피곤하다.

어떤 노인이 밤늦게 지하철을 탔는데 한 젊은이가 못 본 척 눈을 감고 앉아 있었다. 그래서 그는 젊은이를 깨워 자리를 양보하라고 했고, 그러다보니 가벼운 언쟁이 벌어졌다. 알고 보니 그는 새벽에 출근하여 밤늦게까지 일을 해야 하는 비정규직. 그래서 피곤에 지쳐 잠을 자고 있었던 것이다. 노인은 지금도 그 젊은이의 고단한 잠을 깨운 것을 매우 미안해하고, 후회하고 있다는 글을 한 신문에 썼다.

기간제 교사가 겪는 불평등의 고충도 심각하다. 단적인 예가 세월호 참사로 희생된 2명의 기간제 교사 순직 처리다. 최근에야 순직으로 인정돼 절차를 밟는데 3년의 세월이 필요했다. 학생들의 담임선생님이었고, 제자들을 구하기 위해 4층 선실로 내려갔다가 희생을 당했는데도 신분이 정식 교사가 아닌 기간제 교사라는 이유로 순직 처리가 되지 못했던 것.

이들이 신분상 겪는 비애는 너무 크다. 심지어 '스승의 날' 행사에서

조차 기간제 교사의 가슴에 카네이션 한 송이를 달아 주어야 하느냐 마느냐로 시비가 된 학교도 있었던 것 같다. 그때 어떤 기간제 교사는 아예 휴가를 내고 그 자존심 상하는 현장을 벗어나기도 했다니 참으로 민망스런 우리 교육 현장이다.

이처럼 비정규직 문제, 기간제 교사 문제는 지금 뜨거운 핫이슈가 되고 있다. 문재인 대통령이 취임 며칠도 안돼 인천공항을 방문, 임기 내 공공부문 비정규직 '제로'시대를 열겠다고 천명했고, 이에 발맞춰 인천공항측이 비정규직 1만명을 모두 정규직화 하겠다고 발표하는 등 일련의 움직임이 그런 분위기를 돋우고 있다.

그러나 332개 공공기관 중 인천공항처럼 흑자경영을 하지 못하는 대다수의 공공기관은 어떻게 할 것인가? 이들까지 일시에 '제로'시대를 열 수는 없다는데 더 깊은 고민이 필요할 것이다. 또 전체 교원의 9.4%에 이르는 4만명이 넘는 기간제 교사들의 정규직 전환은 어떻게 할 것인가?

비정규직, 기간제 교사 - 두 물줄기를 바로잡는 작업도 중요하지만 책임자들의 '열린 마음', '인간존중'의 정신이 더 시급하다. TV 채널 바꾸는 것까지 시키는 '갑질 문화'부터 바뀌어야 한다. 비정규직은 '리모컨'이 아니라는 의식개혁이 더 먼저다.

간신과 충신

"천안 명물 호두과자!"

열차에 오르게 되면 누구나 많이 들어온 소리다. 그렇게 천안은 한반도에 호두과자를 퍼뜨린 모태다. 왜 그렇게 됐을까? 그 사연이 매우 역설적이다. 천안시 광덕면에 있는 유서 깊은 광덕사에는 천연기념물 398호로 지정받은 호두나무가 있다.

이것이 바로 한반도에 뿌리를 내린 첫 호두나무로 알려져 있는데 이를 심은 사람이 고려말 대표적인 간신의 하나로 꼽히는 유청신. 비천한 몸으로 출세를 하여 중국 원나라와 고려의 관계를 주무르며, 충렬왕과 충선왕의 피나는 부자(父子) 권력 싸움에서도 첨의정승에까지 오르는 등, 그 위세가 하늘을 찌를 듯하였다.

그러나 그는 오잠과 함께 1313년, 충숙왕이 방탕한데다 눈멀고 귀머거리가 되어 나라를 다스리지 못한다고 원에 모함, 폐위시킬 것을 청원했다. 뿐만 아니라 고려를 중국 원나라의 일개 성(省)으로 격하시킬 것을 주장했다.

이완용 등 친일파들이 조선의 일본 통치를 주장한 것과 같다. 하지만 원나라의 고려 직접 통치는 고려의 애국적인 충신들로부터 거센 반발에 부딪혀 좌절되고 말았다. 결국 그는 고려에 돌아오지 못하고 원에서 1329년 세상을 떠났다.

그가 고려에 해를 끼치긴 했으나 뛰어난 공적을 하나 남겼으니 그것이 바로 원나라와 한창 왕래를 하던 1290년 호두나무 묘목과 열매를 가져다 이 땅에 심은 것이다. 그래서 천안시는 '유청신선생 호두나무 시식지'라는 비석을 이곳에 세우고 그가 남긴 공적을 기리고 있다.

어쨌든 '고려 간신전'에 이름을 올린 유청신이지만 그의 손자 유탁(柳濯)에 이르러서는 정반대의 현상이 나타난다. 할아버지와는 달리 손자 유탁은 대표적인 고려 충신으로 이름이 오르기 때문이다.

유탁은 벼슬이 영의정에 오를 만큼 모든 것이 출중했는데 공민왕이 죽은 노국공주를 너무 못 잊어 화려하게 정전을 지으려는 것에 정면으로 반대했다. 공민왕과 추종자들이 계속 회유했지만 끝내 뜻을 굽히지 않자 처형하고 말았다. 이렇게 하여 역사는 한 뿌리에서 간신과 충신이 나오는 보기 드문 아이러니를 보여주었다.

그러면 무엇이 할아버지를 간신으로 만들고 손자는 충신이 되게 했을까? 할아버지 유청신도 충숙왕을 폐위시키려 할 때 그럴 듯한 명분이 있었다. 왕이 정사(政事)를 제대로 돌보지 않고 사냥이나 즐기며 방탕하다는 것이다. 그리고 중국 원나라가 고려를 직접 통치하라고 한 것도 같은 맥락이었다. 그 밑바닥에는 나름대로 백성을 위한다는 변명이 자리 잡고 있었을 것이다.

이완용도 어차피 열강에 먹힐 썩은 고목 같은 조선이라면 일본에 먹히는 것이 조선 개화에 좋을 것이라고 오판했다. 그러니까 간신도 자신이 간신이라고 생각하지 않고 나름대로 국가를 위하여 헌신했다고 '자기합리화'를 한다는 것이다. 그리고 당파적 이익, 몸담은 당의 이익을 위하는 것이 국가를 위하는 것이라고 착각도 하고, 그래서 '정치공학적 기술자'가 빛을 보게 된다.

요즘 새 대통령이 국정에 본격적으로 속도를 내면서 청와대를 비롯 정부 각료 등, 새 진용을 갖추기 시작했고 모든 정당들도 대선 후의 파동을 가라앉히며 새 판을 짜고 있다. 그 판을 짜는 데는 정부도, 정당도 문제는 역시 사람이다.

문뜩 공자가 한 말이 떠오른다. 하루는 증자가 어떻게 해야 천하를 잘 다스릴 수 있는지 물었다. 그러자 공자가 대답했다. "바른 말하는 신하 일곱 명만 있으면 아무리 무도해도 천하를 잃지 않는다." 머리 좋은 책략가들은 많은데 바른말하는 7명의 충신이 있는지 모르겠다. 박근혜 전대통령의 비극적 말로를 보면 '정신칠인'의 뜻을 알 것 같다.

'국회 권력' 어쩌나

짜장면의 생명력은 참으로 끈질기다. 1970~80대 고령층이 어렸을 때 가장 먹고 싶은 것이 짜장면이었는데, 그 보릿고개 세대를 뛰어넘은 40~50대들도, 그리고 풍요의 세대라 할 20대들에게까지도 여전히 짜장면은 인기다.

왜 그럴까? 할아버지 세대로부터 자식들 손을 잡고 식당을 드나들며 짜장면을 먹게 했기 때문이다. 맛의 이어받기가 계속된 것.

우리의 남다른 저항정신도 짜장면처럼 우리나라의 역사적 상황이 낳은 독특한 DNA로 형성되었다. 가까이 일제 강점기는 언론, 문화 모든 분야에서 '저항' 그것이 늘 밑바닥에 흐르고 있었다. 그것이 또한 누구도 부정할 수 없는 공동선이었고 가치였다.

자유당 장기집권과 4 · 19, 그리고 이어지는 군부정권에 대한 저항과 6월 민주항쟁…. 이렇게 켜켜이 쌓인 한국의 특수한 정치상황은 '저항'을 큰 자산으로 키워왔다.

그러다 보니 야당은 반대를 해야 하고, 어느 분야든 반대의 목소리가 큰 사람, 큰 조직이 위대하게 보이는 현상까지 빚어졌다. 그래서 2013년 이코노미스트 서울 특파원을 지낸 다니엘 튜더 기자는 그의 한 저서에서 한국의 야당은 60~70년대 '반대'가 몸에 배어있다고 했다.

특히 짜장면 맛이 그대로 옮겨지듯, 우리의 그 저항의 정치 DNA가 고스란히 이어지는 곳이 국회다.

당장 국회는 신임 총리의 인준과 장관들의 청문회가 계속될 것이며, 과거 많은 총리 후보자들을 무참히 낙마시킨 전통(?)이 이번에는 어떤 모습을 보일지, 또 새 대통령의 정책 추진들이 국회에서 어떻게 다루어질지 신경이 쓰일 수밖에 없다.

오래전 국회의장을 지냈던 K씨와 함께 몇몇 지인들이 담소를 나눌 기회가 있었다. 그런 가운데 자연히 대화는 '미래 권력'으로 흘렀다. 누군가는 검찰권력을 이야기했고, 언론 권력, 노동권력, 시민단체 권력 등을 제시하는 사람도 있었다. 그러나 국회의장 출신의 K씨는 분명한 어조로 '국회 권력'을 주장했다. 과연 미래 권력의 핵심은 국회 권력일까?

최근 몇 년 사이에 벌어진 일련의 사건들을 보면 '국회 권력'의 의미를 실감할 것 같다. 2012년 박근혜 비상대책위원장은 '국회선진화법'을 추진, 여당의 독주를 막고자 했다. 정말 그렇게 하여 만든 선진화법은 정부 여당을 견제하는 효과를 보았지만 정작 자신이 대통령이 되자 선진화법은 자기 발목을 잡는 부메랑이 되어 돌아왔다.

정부조직법 개정 등 자신의 정책 구상이 번번이 벽에 부닥치자 박근혜 전 대통령은 선진화법을 탓하며 긴 한숨을 쉬었다. 비로소 대통령도 어쩔 수 없이 국회권력의 실체를 느낀 것이다. 이제 막 출범한 문재인 대통령의 새 정부도 피할 수 없이 '국회권력'의 실체와 함께 갈 수밖에 없음을 인식할 것이다.

그런데 더불어민주당의 의석 수는 과반에 훨씬 못 미치는 119석. 선진화법에 구애받지 않고 소신껏 정책을 펴나가는데 필요한 180석에는 61석이 부족하고, 과반수에는 30여 석이 부족하다.

제1야당이 된 자유한국당 역시 107석으로 법안 처리를 독자적으로 추진하려면 다른 야당의 협조를 받아야 한다. 정말 절묘한 국회의석 구조를 이루어 누구든 홀로서기가 불가능한 우리 국회다. 그래서 나오는 것이 협치와 통합. 같은 이념을 가진 사람끼리 손을 잡는 것은 협치와 통합이 아니다. 생각이 다른 사람과 손을 잡는 것이 협치요, 통합이다.

그래서 여기에는 고도의 정치테크닉이 필요하고 열린 마음, 열린 정치가 필요하다. 문재인 대통령만은 '국회선진화법'을 원망하지 않아도 좋을 만큼, 협치와 통합의 정치가 실현되길 기대한다.

1센트 동전의 경구(警句)

5 · 16 거사의 주역이었던 김종필씨가 최근 한 언론과의 인터뷰에서 5 · 16 전야에 4천 500장의 '혁명군' 완장을 급히 제조해 출동 군인들에게 차게 했다고 회고했다. 그렇게 하는 이유는 긴장 속에 출동한 군인들에게 긍지와 안도감을 줄 심리적 도구가 필요했다는 것이고, 일반군과 구별하기 위해서라는 것.

그 무렵 사병으로 복무하던 필자의 눈에도 완장을 찬 군인들이 위성에서 온 것처럼 높게 보였던 기억이 난다. 그러나 며칠 안돼 '혁명군' 완장은 모두 회수되었다. 이렇듯 빨리 회수한 목적은 타 부대와의 위화감 때문.

사실 완장은 전쟁 때 부상병 수송과 치료를 위한 위생병의 적십자 완장, 지진 피해 현장의 구조대원 완장 등을 제외하고는 대부분 거부감을 주고 있다.

그런데 이제 치열했던 대통령 선거가 끝나고 나면 누가 승자가 되든 그 주변에 완장 부대가 생겨날 것을 우려하는 소리가 많다. 물론 승리의 뒤에는 승리를 이끄는데 큰 역할을 했던 사람들이 있기 마련이다. 그래서 역사적으로도 공신(功臣) 제도가 있어 개국을 하는데 공을 세운 신하들, 또는 난을 평정하는데 공을 세운 신하들을 포상했다.

조선왕조를 일으킨 태조 이성계는 자신을 도와 위화도 회군을 감행하고 새 왕조의 개국에 결정적 역할을 한 배극렴을 1등 공신으로, 또한 공신 52명을 선정해 토지와 노비 등을 하사했다. 이른바 '개국 공신'이었던 것.

이들 공신들에게는 생존시 봉록과 함께 지위를 높여주고 죽은 뒤에는 위호(位號)를 내리는데 그것이 자손대에까지 계승된다. 그래서 그 공신 서열이 불공정할 경우 오히려 큰 화를 불러 오기도 했다. 대표적인 것이 1624년의 '이괄의 난'.

이괄은 인조 반정에 결정적 역할을 했음에도 1등 공신이 되지 못하고 김사점, 김유 등에 밀려 2등으로 내려앉은 것이 계기가 되어 난을 일으켰고, 인조 임금은 난을 피해 충남 공주에까지 피란을 와야 했다.

이렇듯 '공신'에 대한 배려는 자칫 분란을 일으키기 일쑤인데, 5 · 16 쿠데타에서도 함께 '혁명군' 완장을 차고 거사에 참여한 군인들끼리 포상의 자리에 따라 내분이 생기곤 했다.

이번 대선 결과에 대해서도 그런 우려가 없을 수 없다. 그러나 이번 선거에서 모든 후보가 한결같이 '통합'을 강조한 만큼 '완장부대'니 '공신'이니 하는 말이 결코 나와서는 안 될 것이다. 그것이야말로 국가적 통합을 깨뜨리는 훼방꾼이기 때문이다.

정말 지금 우리나라가 처한 현실은 너무나 엄중하다. 계속되는 북한의 미사일 도발과 핵 위협에 주한 미군의 사드 배치 등 안보 상황이 국민적 통합을 필요로 한다. 이것은 우리가 죽고 사는 절박한 생존 문제이기 더욱 그렇다.

출산 절벽, 취업 절벽, 심각한 소득격차, 사상 최악의 가계 부채, 거기에다 초고령화 사회 진입…. 이것이야 말로 초당적, 초계파적 역량을 총집결하지 않고는 풀 수 없는 문제들이다.

미국의 동전 1센트 짜리에는 미국의 가장 위대한 대통령 링컨 초상이 있고, 그 밑면에 'E Pluribus Unum'이라는 라틴어 글귀가 새겨져 있다. "여럿이 모여 하나가 된다"는 뜻.

우리에게도 깊은 메시지가 될 것 같다. 완장도 없고, 공신도 없는-여럿이 모여 하나가 되는 대한민국

똑똑한 사람들의 멍청한 선택

우리나라 화장실의 남성용 변기에도 요즘 들어 파리를 그려 넣은 것을 자주 보게 된다. 그 파리를 조준하느라 소변의 80%를 밖으로 흘려버리지 않는 효과가 있기 때문이다.

이 같은 현상을 세계적 베스트셀러 '넛지(nudge)'의 저자이기도 한 시카고 부스 경제대학원 리처드 탈러 교수가 '행동경제학'이라는 새로운 분야로 접근했다. 미국 정부의 경제정책에 막강한 영향력을 행사하고 있는 그는 암스테르담 공항 화장실의 파리 모양 스티커 등을 예로 들면서 '행동경제학'으로 사람들의 선택 과정을 해석하여 주목을 받고 있는 것이다.

가령 자동차를 사려고 할 때 여러 가지 사항을 고려하여 선택을 했는데 막판에 타사의 세일 광고나 사은품 따위의 광고 같은 것, 또는 하찮은 편견에 의해 다른 차종으로 바꾸는 것도 그렇게 해석한다. 그는 이것을 '똑똑한 사람들의 멍청한 선택'이라고 명명했다.

어떤 50대 부부가 국산 영화를 관람하기로 하고 예약까지 했다. 그런데 영화관으로 가는 자동차 안에서 그들이 보려는 영화 이야기를 나누다 주연 여배우의 확인되지 않은 스캔들이 화제가 됐다. 그러자 갑자기 부인이 영화를 안 보겠다고 선언했다. 부도덕한 여배우가 나오는 영화는 보기 싫다는 것. 남편은 '영화는 영화이고 여배우의 스캔들은 별개'라며 부인을 설득했지만 결국 예약을 취소하고 엉뚱한 영화를 보아야 했다. 마지막 순간에 선택을 바꾸는, 말하자면 '똑똑한 사람들의 멍청한 선택'이 되어버린 것이다.

그런데 이처럼 '똑똑한 사람들의 멍청한 선택'은 모든 사람들이 많은 분야에서 저질렀고, 지금 이 순간에도 계속 이어지고 있다. 하루에도 수십 번, 또는 수백 번 선택과 결정을 하면서 살아야 하는 현대인들은 그래서 실수와 시행착오를 반복하기 마련이다.

선거에서도 마찬가지다. 과거 대통령들이 임기 중 불미스러운 일이 발생할 때마다 나오는 이야기가 "○○바다에 가면 짤린 손가락이 가득 떠다닌다."는 것이었는데 이 역시 그 대통령을 지지하여 찍었던 사람들의 후회를 비유적으로 표현한 것이다. 이렇게 후회하면서도 또 선거 때만 되면 '똑똑한 사람들의 멍청한 선택'은 되풀이되어 왔다. 영화를 보러갔던 부부가 편견과 정보 과잉으로 마지막 순간 선택을 바꾸었던 것처럼.

그렇다. 정보화시대에 너무 많은 정보는 우리의 선택을 힘들게 하고 치명적 실수를 범하게도 한다. 과거, 갇혀있던 정보가 이제는 사돈의 팔촌 예금통장은 물론 초등학교 때 병원 다닌 것까지 과잉 공급되고 있으며 여기에다 '가짜뉴스'까지 진짜처럼 포장되어 범람하는 바람에 유권자는 곧 '똑똑한 사람들의 멍청한 선택'으로 이어지게 마련이다. 뿐만 아니라 SNS상의 지능적이고 악의적인 작전 세력은 '선택의 방해꾼'이 되고 있다.

"A를 찍으면 X가 대통령이 된다."

"B를 찍으면 X가 대통령이다."

하찮은 한 줄짜리 이 괴담의 위력은 그 파급력이 대단하다.

유권자들은 너무 혼란스럽다. 사드 문제, 북한 문제에 대립적이던 후보들이 투표일이 가까워지자 색깔을 구별할 수 없게 변색을 하고 있으며 경제문제, 복지 문제까지 헷갈리게 한다.

정말 이제 투표일을 코앞에 둔 지금, 유권자들을 피곤하게 하는 정황이 너무 심각하다. '똑똑한 사람들의 멍청한 선택'이 나오지 않도록 정신 바짝 차려야 한다.

점쟁이와 통계학자

변평섭 칼럼집

발 행 일 | 2018년 11월 30일
지 은 이 | 변평섭
발 행 인 | 李憲錫
발 행 처 | 오늘의문학사
출판등록 | 제55호(1993년 6월 23일)
주　　소 | 대전광역시 동구 대전로867번길 52(한밭오피스텔 401호)
전화번호 | (042)624-2980
팩시밀리 | (042)628-2983
전자우편 | hs2980@hanmail.net
카　　페 | cafe.daum.net/gljang(문학사랑 글짱들)
| cafe.daum.net/art-i-ma(아트매거진)

공 급 처 | 한국출판협동조합
주문전화 | (070)7119-1752
팩시밀리 | (031)944-8234~6

ISBN 978-89-5669-960-8
값 15,000원

* 이 책은 대전광역시 와 대전문화재단 에서 사업비 일부를 지원받았습니다.